区域经济理论

Regional Economic Theory

颜银根　编著

南京大学出版社

图书在版编目(CIP)数据

区域经济理论 / 颜银根编著. —— 南京：南京大学出版社，2024.12. — ISBN 978-7-305-28669-8

Ⅰ. F061.5

中国国家版本馆 CIP 数据核字第 2025BP3237 号

出版发行　南京大学出版社
社　　址　南京市汉口路 22 号　　邮　编　210093
书　　名　**区域经济理论**
　　　　　QUYU JINGJI LILUN
编　　著　颜银根
责任编辑　武　坦　　　　　　　编辑热线　025-83592315
照　　排　南京开卷文化传媒有限公司
印　　刷　南京百花彩色印刷广告制作有限责任公司
开　　本　787 mm×1092 mm　1/16　印张 9.75　字数 213 千
版　　次　2024 年 12 月第 1 版
印　　次　2024 年 12 月第 1 次印刷
ISBN 978-7-305-28669-8
定　　价　36.00 元

网　　址：http://www.njupco.com
官方微博：http://weibo.com/njupco
微信服务号：njuyuexue
销售咨询热线：(025)83594756

* 版权所有，侵权必究
* 凡购买南大版图书，如有印装质量问题，请与所购
　图书销售部门联系调换

序　言

虽然主流经济学家们普遍知道区域问题的重要性，但是长期以来却很少关注。这种对区域或者空间的忽视，可能源于分析工具的缺乏，也可能源于区域或者空间问题的复杂性。然而需要指出的是，忽视区域或者空间在经济学中的重要性，往往会导致经济政策走向错误的方向。所幸的是，2008年诺贝尔经济学奖得主克鲁格曼将空间这一重要维度重新带到主流经济学中，引起了主流经济学家的极大关注。

区域经济学的前身可以追溯到区位理论的形成，经过了古典区位理论和新古典区位理论。这一时期关于区域的研究，主要强调厂商区位的选择问题。从20世纪50年代开始，区域科学在艾萨德的带领下迅速得到发展，区域经济研究也获得了快速发展。在20世纪60至70年代，区域经济无论是在研究内容还是研究方法上均进入了黄金发展时期，区域经济学科体系逐步形成。这一时期，一批高水平的区域经济学教材在国外出现，具有代表性的包括理查德森的《区域经济学》以及胡佛和杰莱塔尼的《区域经济学导论》。20世纪90年代，随着我国区域经济的快速发展，国内相继出版系列区域经济学教材，比较具有代表性的包括中国人民大学陈秀山教授领衔编写的区域经济学专业研究生系列教材、南开大学郝寿义和安虎森教授主编的《区域经济学》、安虎森教授主编的《高级区域经济学》以及安虎森和中国人民大学孙久文教授以及北京师范大学吴殿廷教授联合编写的《区域经济学》马克思主义理论研究和建设工程重点教材等。

国内区域经济学教材虽然十分丰富，但并不能完全适应现代区域经济学各阶段教学的需要。现行的本科生教材普遍采用马克思主义理论研究和建设工程重点教材，硕士生教材主要使用陈秀山教授和张可云教授主编的《区域经济理论》以及郝寿义教授和安虎森教授编写的《区域经济学》教材，博士生使用安虎森教授主编的《高级区域经济学》教材。面向硕士生的教材相对较少，同时前面讲的这两部硕士生教材内容有些陈旧，无法体现学科的最新进展和中国区域经济发展的最新实践。颜银根教授编写的《区域经济理论》主要面向硕士生，弥补现有教材体系的空缺。该教材融入空间经济学中的最新理论进展，以自然资源禀赋为起点，以要素流动为过程，以区域发展为结果，突出区域间（区际）经济活动相互作用及空间关联，是一部全新的区域经济理论教材。故而，当颜银根教授邀请我为这部教材写序时，我欣然应允下来。在阅读这部教材时，我能够很明显感受到这部教材不同于以往的区域经济学教材，主要体现在两个方面：

　　第一，教材的逻辑体系十分清晰，有利于使用者更加系统地了解区域经济学。这部教材打破以往区域经济学教材的逻辑体系，将区域经济理论分为基础篇、流动篇和发展篇，基础篇包括区域经济学的形成与发展、自然优势理论和区位选择理论三个章节；流动篇包括劳动力区际流动理论、资本区际流动理论以及技术区际溢出理论三个章节；发展篇包括区域产业理论和区域增长理论两个章节。教材将以往被区域经济学领域忽视的自然优势作为起点，将要素流动这一区域经济学最为重要的特征作为过程，将区域产业和区域经济增长作为结果，逻辑结构相当清晰，完整地展现了区域经济学的核心内容。

　　第二，教材大量采用具有较强代表性的区域经济理论模型，有助于使用者更好地开展区域经济理论创新。该教材从第三章开始大量介绍理论模型，详细地介绍了相关理论模型的基本假设、模型分析和部分拓展，对初学者掌握理论模型有着极大的帮助。教材中对经典理论的介绍,完全遵循原著,在各章节中介绍了最具有代表性的相关理论。在介绍相关理论时,教材更是将新经济地理学近些年来的核心边缘模型、自由资本模型、全域和局域溢出模型以及垂直联系模型等核心理论纳入其中,内容十分丰富完整。教材中介绍的区域经济理论模型极具区域经济特征,不同于以往教材中大量使用的"外来"学科模型,这部教材强调区域间的经济关联特征,大量利用两地区模型分析了区域经济空间关联。

教材的编撰工作对编写者有着极高的要求,既需要编写者有较强的学术能力,又需要编写者有充沛的精力以及充足的时间。这部教材由颜银根教授独自编撰,并进行了大量富有价值的创新尝试,实属不易。

本教材可以作为硕士生和低年级的博士研究生的参考书,也可以作为区域经济工作者的参考文献或辅助读物。

安虎森

南开大学21世纪马克思主义研究院

2024年5月20日

目 录

导 论 1
    第一节　区域概述 1
    第二节　区域经济学概述 7

第一篇　基础篇

第一章　区域经济学的形成与发展 21
    第一节　区域经济学形成的理论根基 21
    第二节　国外区域经济学形成与发展的历程 24
    第三节　中国区域经济学形成与发展的历程 28

第二章　自然优势理论 33
    第一节　自然资源优势理论 34
    第二节　地理位置优势理论 39

第三章　区位选择理论 45
    第一节　微观主体的区位选择原则 45
    第二节　古典区位理论 50
    第三节　新古典区位理论 58

第二篇　流动篇

第四章　劳动力区际流动理论 67
    第一节　劳动力乡城迁移理论 67

第二节　劳动力跨区迁移理论 ·· 77

第五章　资本区际流动理论 ·· 83
　　第一节　资本跨区流动理论 ··· 83
　　第二节　资本跨国流动理论 ··· 88

第六章　技术区际溢出理论 ·· 95
　　第一节　技术空间溢出理论 ··· 95
　　第二节　技术溢出生产率理论 ··· 101

第三篇　发展篇

第七章　区域产业理论 ··· 111
　　第一节　产业空间关联理论 ··· 111
　　第二节　产业空间集聚理论 ··· 120
　　第三节　产业空间转移理论 ··· 124

第八章　区域增长理论 ··· 131
　　第一节　区域经济均衡增长理论 ··· 131
　　第二节　区域经济非均衡增长理论 ·· 135

常见英文名对照表 ·· 143

常见地名对照表 ··· 146

后　记 ··· 147

导 论

长期以来,主流经济学的研究中缺乏空间维度。经济学家们注重生产、交换、分配和消费,注重生产什么、如何生产以及为谁生产,但是在哪里生产或交易并没有引起足够的重视,就好像所有的生产或交易活动只是发生在一个点上而已。

很显然,这样的假设过于严格,且缺乏足够的说服力。环顾一下现实世界,我们不难发现生产和交易活动一定是发生在某个特定的地方,并且不同的经济活动发生在不同的地方。换句话说,经济活动与空间是密不可分的,经济活动需要在特定的空间上进行"投影",而这个"投影"是有空间维度的。一块土地如果被用于农业生产,那么它将无法用于工业生产;一块土地如果用于建筑房屋,那么它将无法用于建筑公园。经济活动与特定空间的结合形成狭义上的"区域经济",而经济活动与特定空间及其相互关联空间的结合则形成广义上的"区域经济"。区域经济学的产生和发展,弥补了传统经济学研究中空间维度的缺失,形成一门与其他学科有着显著差异的、具有"时间"和"空间"二维度特征的独立学科。本章主要介绍区域以及区域经济学的基本概念,学习本章,学生能够对区域经济学有一个全面的认识。

第一节 区域概述

区域经济学是一门关于"区域"的经济学。那么,这里的区域是什么样的范围?这些划定的区域有着怎样的特征?又该如何合理地划分区域?在正式介绍区域经济学之前,有必要首先对区域有一个全面的了解。

一、区域的概念

"区域"一词具有广泛内涵,大到数个国家,小到某个村落或街区。区域是一个抽象的概念,各学科通常根据自身研究的需要对区域有着不同的界定。比如说,地理学中的区域是指自然地理单元,而政治学中的区域是指行政单元,经济学中的区域则是指经济单元。[1] 关于区域的概念,经济学中尚未达成共识。

---

[1] 郝寿义,安虎森. 区域经济学. 第二版. 北京:经济科学出版社,2004。

(一) 国外关于区域的定义

从现有文献来看,经济学中"区域"的概念最早出现在1922年,全俄中央执行委员会直属经济区划问题委员会在探讨苏联经济区划问题中首次使用。[①] 该文件对区域的定义为,"……应该是国家的一个特殊的经济上尽可能完整的地区。这种地区由于自然特点、以往的文化积累和居民及其生产活动能力的结合而成为国民经济总链条中的一个环节"。区域科学创始人艾萨德则认为,"区域的具体形式和特征与研究问题相适应,区域层级(Hierarchy)会随着时间推移而变化并且相互融合"[②]。区域经济学的奠基人胡佛指出,"区域是基于描述、分析、管理、计划或制定政策等目的而作为一个应用性整体加以考虑的一片地区。它可以按照内部的同质性或功能一体化原则划分"[③],这也是影响力较大的一种定义。

(二) 国内关于区域的定义

在中国区域经济学发展的初期,国内对经济区域的界定也产生了不同的看法。林德全认为"区域所包含的地区具有同质性,经济上有密切的相关性、协调运转的整体性、相互交叉的渗透性"[④]。不同于上述界定,程必定提出"所谓区域,应该是这样的一种经济区域,即它是人的经济活动所造就的具有经济中心、经济腹地和经济网络三大构成要素的不可无限分割的经济社会综合体"[⑤]。张敦富把区域表述为"经济活动相对独立,内部联系紧密而较为完整,具备特定功能的地域空间"[⑥]。

近些年来,一些区域经济学的教程对区域都有着严格的界定。比如,郝寿义和安虎森定义"区域,是指便于组织、计划、协调、控制经济活动而以整体加以考虑,并考虑行政区划基础上的一定的空间范围,它具有组织区内经济活动和区外经济联系的能力,常由一个以上以高级循环占重要比重的中心城市、一定数量的中小城镇以及广大乡村地区所组成"[⑦]。孙久文和叶裕民认为"作为区域经济学研究对象的区域,是指具有多种类型的资源,可以进行各种生产性和非生产性社会经济活动的一片相对较大的空间范围。这样的区域小至县、乡、村,大到省和国家,以及由若干国家共同开发的某些跨国家的区域,例如亚太地区、东北区、南极、太平洋等等"[⑧]。

二、区域的特征

虽然经济学界关于区域的概念并未形成一致意见,但这并不妨碍我们对经济学

[①] 全俄经济区划委员. 苏联经济区划问题. 北京:商务印书馆,1961。
[②] Isard, W., "Regional Science, the Concept of Region and Regional Stucture", *Papers in Regional Science*, 1956, 2(1), 13-26.
[③] Hoover, E. M. and F. Giarratani, An introduction to regional economics. New York: Alfred A. Knopf, 1984.
[④] 林德全,"区域经济规划的理论与实用方法",《数量经济、技术经济》,1988年第1期。
[⑤] 程必定,"区域和区域经济学的研究对象",《安徽财贸学院学报》,1989年第3期。
[⑥] 张敦富. 区域经济学原理. 中国轻工业出版社,1999。
[⑦] 郝寿义,安虎森. 区域经济学. 第二版. 北京:经济科学出版社,2004。
[⑧] 孙久文,叶欲民. 区域经济学教程. 中国人民大学出版社,2003。

中"区域"的概念形成一些共识。[①] 而这些共识的形成,也将有助于建设区域经济学科和推进区域问题研究。区域的特征主要包括四个方面,区域具有多层面的特征、区域具有范围动态调整的特征、区域具有层级性和交叉性的特征以及区域个体具有强同质性和高关联性的特征。

(一) 区域具有多层面的特征

按照是否超越国界,区域可以分为两个层面:第一个层面的区域是指处于一国内部的区域,如长江三角洲城市群、粤港澳大湾区等;第二个层面的区域是指超越国界,由数国所有地区或者部分地区组成的区域,如欧盟、大湄公河次区域等。

从经济学现有的学科分类来看,第一个层面的区域属于狭义的区域经济学研究范畴,第二个层面的区域则属于广义的区域经济学研究范畴。[②] 为便于区分,前者的区域称之为"小区域",后者的区域称之为"大区域"。从组织等级来看,小区域的区域内经济合作要明显强于大区域的区域内经济合作,不同地区之间的贸易和要素流动更加自由,因此组织等级更高。究其原因,小区域的区域处于某个主权国家内,区域内的贸易无须考察关税、非关税贸易壁垒以及汇率等问题,区域内的要素流动相对比较自由;大区域则不然,除非达到区域一体化的高级阶段,即经济同盟阶段,否则贸易和要素的流动或多或少都将会受到一定的阻碍。截至目前,尚未有任何大区域经济组织达到经济同盟阶段。北美自由贸易区以及中国—东盟自由贸易区属于贸易自由区,仍然处于区域一体化的中间阶段;欧盟属于共同市场,由于货币的原因尚未形成经济同盟,也只是处于区域一体化的次高级阶段。

(二) 区域具有范围动态调整的特征

区域的地理范围并非一成不变,随着时间推移可能会出现扩张或者收缩。从现有的区域来看,众多区域都进行数次扩张,比较典型的是长三角地区。1992 年,长三角经济区成立,由 14 个市组成,包括上海、南京、苏州、无锡、常州、镇江、扬州、南通、杭州、宁波、嘉兴、湖州、绍兴以及舟山。1997 年和 2003 年,泰州、台州先后加入该经济区,共同构成了长三角 16 城。从 2010 年开始,长三角经济区不断扩容,最终形成了将江浙沪皖三省一市 41 座地级以上城市全部加入的局面。[③]

欧盟同样有着范围数次动态调整的经历。1952 年,德国、意大利、法国、比利时、卢森堡以及荷兰六国,在比、卢、荷三国关税同盟的基础上形成了欧洲煤钢共同体。1957 年,这六国将煤钢共同体的原则推广到其他经济领域,并建立欧洲经济共同体。

[①] 为简化,下文中如无特别指出,区域即指"经济区域"。

[②] 有关欧盟的研究中,通常也会使用"区域"概念。从这个维度上看,第二个层面的区域同样属于区域经济学的研究范畴。但是,考虑第二个层面的区域更加接近于世界经济的研究,因而在多数区域经济学的研究中并不涉及。

[③] 2010 年 3 月,长三角地区扩容至 22 座城市,吸纳盐城、淮安、金华、衢州、合肥以及马鞍山六市为成员;2013 年 4 月,长三角地区扩容至 30 座城市,吸纳徐州、芜湖、滁州、淮南、丽水、温州、宿迁、连云港为成员;2018 年 4 月,长三角地区扩容至 34 座城市,吸纳铜陵、安庆、池州、宣城为成员;2019 年 10 月,长三角地区扩容至 41 座城市,吸纳黄山、蚌埠、六安、淮北、宿州、亳州、阜阳为成员。

1973年,欧洲经济共同体纳入爱尔兰、丹麦以及英国为成员国;1981年,纳入希腊为成员国;1986年,纳入葡萄牙和西班牙为成员国。1993年,欧共体更名为欧盟,开启新的扩张进程。先是于1995年吸纳奥地利、瑞典和芬兰为新的成员,其后于2004年东扩纳入波兰、拉脱维亚、立陶宛、爱沙尼亚、匈牙利、捷克、斯洛伐克、斯洛文尼亚、塞浦路斯和马其他为成员国,于2007年吸纳保加利亚和罗马尼亚为成员国,以及于2013年吸纳克罗地亚为成员国。值得一提的是,英国于2020年脱离欧盟,这也标志着区域的范围不仅会扩张,同时也会出现收缩。

(三) 区域具有层级性和交叉性的特征

区域是由单元构成的,在不同尺度下区域的层级是不同的。区域的每一个层级有着自己的数量单位,与行政单元中的省(直辖市、自治区、特别行政区)、市(自治州)、县(区、县级市、自治旗、自治县)、乡(镇、街道)是相似的,只是我们没有给予其特定的命名。区域的层级性决定区域可以是很大的范围,也可以是很小的范围。比如,我们设定中国为一级区域,进一步设定细分的华东地区为二级区域、华东南地区为三级区域、长三角地区为四级区域、苏南地区为五级区域、苏锡常地区为六级区域、苏州地区为七级区域、苏州工业园区为八级区域等。

区域除了具有层级性之外,通常还具有交叉性。区域的交叉性是指某特定地区可以属于同一层级中的不同经济组织。如果说区域的层级性是类似于数学中的包含关系,那么区域的交叉性则类似于数学中的交集。比如,中国属于中国—东盟自由贸易区的成员国之一,但是这并不排除中国与日本以及韩国建立中日韩自由贸易区,成为中日韩自由贸易区的成员国之一。区域的交叉性体现出区域并不具有排他性,特定空间并非非此即彼的关系。

(四) 区域个体具有强同质性和高关联性的特征

区域内的个体必须具有相同特性,否则他们难以成为该区域的成员。这种特性可以是具体的地理、经济或者政治上的特性,也可以是具有抽象意义的特性,如过去的历史或者未来美好的规划。同时,区域内的个体必须存在差异,否则它们相互之间可以合并成单一个体,而无须将它们看成多个个体。同质性和异质性是相对的,区域内不同个体之间的同质性可以成为区际不同个体之间的异质性,这也是区域划分的重要标准之一。同质性和异质性都可以成为划分区域的重要标准,至于如何来定义同质性还是异质性,则取决于研究的需要。

区域内的不同个体不仅需要与其他个体存在同质性和异质性,个体之间还需要具有比较高的关联性。某个个体成为区域内成员的或者区域外的成员,与该个体和区域内成员的关联性密不可分。整体而言,区域内成员的关联性要高于区域外成员的关联性,否则该个体不足以成为区域内的成员。值得一提的是,这种经济的关联性可以是当前的关联性,也可以是预期的关联性。区域内个体的同质性和异质性可以通过关联性表现出来,经济关联可能导致个体的同质性和异质性扩大或缩小。通常而言,区域的层级越高,区域内个体同质性越弱、异质性越强、关联性越弱。

这里我们并不想对区域做出一个严格的定义,因为区域的概念会随着时间推移、社会经济发展以及研究需要而不断地被重新界定。但是,从目前的共识中我们可以对区域有一个大致的印象:**经济区域是由地域上相连的个体单元组成,这些个体单元相互之间具有同质性和异质性,个体单元的高度相关性促成特定空间成为区域**。区域具体的概念应视研究的需要确定,区域经济学研究中的区域通常是指第一层面上的区域。区域具有层级性、交叉性和延伸性的特性,区域同时也是多层面的,可以跨越行政界限。区域的划分并非一定需要中心地带或者中心群,比如英国的威尔士、英格兰西南以及东英吉利。[1]

三、区域的划分

由于经济学界对区域的概念一直没有达成共识,因而对于区域的划分也就出现了截然不同的标准。尽管没有统一的划分标准,但这并不妨碍区域经济学家们围绕研究的问题设定各具特色的划分标准,最终达到简化研究的目的。

(一) 国外关于区域的划分

早在1776年出版的《研究俄罗斯地理方法》中,俄国著名的地理学家切博塔列夫提出了将俄罗斯划分为不同的区域以进行综合资源开发和治理的设想。1922年,全俄中央执行委员会直属经济区划问题委员会,提出了"依据自然特点、历史上积累的文化财富和居民的生产活动技能把全国划分成在经济上完整并具有自己特点的经济区,使它们组成国民经济完整链条,而每个经济区又是该链条上的一个环节",最终将全国划分为21个经济区。此后,苏联多次对经济区进行了调整,形成了专业化的区域分工,实现了促进地区经济发展的目标。关于区域划分的标准,比较具有代表性的包括布代维尔、克拉森和汉森等人对区域的划分。

布代维尔将区域分为均质区域、极化区域以及规划区域。[2] 均质区域由多个具有相同特征的同质性较强的不同空间单元组成,研究侧重于区域间的关联;极化区域由多个异质性较强但存在高度关联性的且具有核心的空间单元组成,研究侧重于区域内的关联;规划区域则由多个同质或异质为实现某一特定经济目标的空间单元组成,研究中以解决特定空间问题为目的。需要指出的是,布代维尔所划分的不同区域并非相互排斥。很多时候规划区域与均质或者极化区域是重合的,因为政府对区域进行规划的依据可能是自然资源禀赋、地理位置、经济基础或者社会特性。[3]

---

[1] Brown, A. J., "Surveys of Applied Economics: Regional Economics, with Special Reference to the United Kingdom", *The Economic Journal*, 1969, 79(316), 759-796.

[2] Boudeville, J. R., Problems of regional economic planning. Edinburgh University Press Edinburgh, 1966.

[3] Meyer, J. R., "Regional Economics: A Survey", *The American Economic Review*, 1963, 53(1), 19-54.

克拉森提出以相对增长率进行区域分类,选用的指标包括区域与全国人均收入水平比(A)以及区域与全国经济增长率比(B),根据这两个指标形成的矩阵将区域分为四类:繁荣区($A \geq 1, B \geq 1$);扩张阶段的欠发达区($A < 1, B \geq 1$);潜在的欠发达区($A \geq 1, B < 1$);落后区($A < 1, B < 1$)。这种分类方法相对过去的增长区、停滞区和退化区的三分法更加科学,能够有效地识别出那些正处于衰落阶段的区域。

汉森则根据成本收益法将区域分为三类:拥挤区、中间区和落后区。如果社会边际成本大于等于社会边际收益,则划定为拥挤区;如果社会边际成本小于社会边际收益,且私人投资明显获益则划分为中间区;如果社会边际成本小于社会边际收益,且私人投资明显获益不足,经济以小规模农业或夕阳产业为主、缺乏新型经济活动的地区则划分为落后区。[①]

(二)国内关于区域的划分

新中国成立以来,有关中国区域的划分进行了多次调整。20世纪50年代,为协调沿海与内陆的平衡发展,中国划分为华北、东北、华东、西北、中南和西南六大区域;60年代初期,出于区域均衡发展以及国防的考虑展开了"三线建设",中国区域由沿海和边疆向内地逐步分为四个地区;60年代末至70年代初,中国按照军区划分为十大片地区。

从80年代开始,国内一批区域经济学者对区域进行了划分。1985年,刘再兴根据全国生产力总体布局态势,在遵循区内的相近性以及区间的差异性的原则上提出了六大经济区域的划分,即东北区、华北区、华中区、东南沿海区、西南区、西北区。[②] 1986年,陈栋生从横向经济联合的角度提出了东北、黄河流域、长江流域、南方、新疆、西藏六大经济区。[③] 随后,杨树珍、顾朝林、杨吾扬、胡序威以及国家计委经济研究所课题组提出了十大经济区、九大城市经济区、十大经济区域、六大经济区、九大经济圈等一系列的区域划分。[④]

从20世纪末开始,中国的区域研究更多的使用东、中、西**三大区域**的划分。东部地区包括北京、天津、辽宁、河北、山东、江苏、上海、浙江、福建、广东、海南以及港澳台地区;中部地区包括山西、吉林、黑龙江、安徽、河南、湖北、湖南、江西;西部地区包括内蒙古、广西、云南、重庆、四川、西藏、陕西、甘肃、青海、宁夏以及新疆。1999年,中央政府提出了西部大开发政策,从而确定了西部地区的地理范围。2003年10月,中共中央、国务院发布了《关于实施东北地区等老工业基地振兴战略的若干意见》,由此确定了东北地区的地理范围。[⑤] 2004年3月,温家宝总理在政府工作会议上提出"中

---

① Klaassen, L. H., Area economic and social redevelopment: guidelines for programmes. Organisation for Economic Co-operation and Development, 1965.
② 刘再兴,"综合经济区划的若干问题",《经济理论与经济管理》,1985年第6期,第45-49页。
③ 陈栋生,"我国生产力布局的几个问题",《生产力布局与国土规划》,1986年第4期。
④ 杨树珍.中国经济区划研究.北京:中国展望出版社,1990。
⑤ 在《国务院关于进一步实施老工业基地振兴战略意见》中,东北地区范围包括黑龙江、吉林、辽宁以及内蒙古东部地区。在区域经济的实际研究中,由于存在数据可得性问题,通常指黑龙江、吉林、辽宁东北三省。

部崛起"并于2005年正式启动,中部地区包括山西、安徽、河南、湖北、湖南以及江西六省。此外,区域政策制定引导了经济研究中对区域的划分,比如《中国区域统计年鉴》对区域的划分就是分为东部地区、中部地区、西部地区以及东北地区**四大地区**,从而便于经济理论和政策的研究。由于我国区域的经济发展与行政区划有着密切的联系,因而国内仍然有相当一部分的研究采用行政区划作为经济区划,比如以省或市进行相关的经济研究分析。

划分区域的目的是研究的方便,因而我们并不排斥任何一种区域的划分。但是,在区域的划分中一定要注意基本原则:在不损失重要信息的情况下,能够达到方便研究的目的。如果研究区域间的问题,则个体的同质性是区域划分的标准;如果研究区域内的问题,则个体的异质性是区域划分的标准。值得一提的是,对于同质性和异质性的评判标准也需要根据研究需要而调整。正如计量经济学中对分析结果显著性的要求一样,可以是在5%的水平上显著性,也可以是10%的水平上显著性。至于最终的标准,则看研究者们是否能够接受。区域的划分标准到底如何,同样需要根据研究的需要,以判断处于临界的地理单元到底属于哪一个区域。

第二节 区域经济学概述

任何一个学科的发展都需要有明确的研究对象,区域经济学也不例外。上一节介绍了区域的概念、特征与划分,对区域有着初步的了解。为了更好地理解区域经济学,本节将重点介绍区域经济学的定义与研究内容。

一、区域经济学的定义

从区域经济学形成初期开始,有关区域经济学到底是怎样一门学科的争论就没有停息过。在这门学科只有二三十年的发展历史时,这门学科还是一门年轻的学科,有着这样的争议似乎能够理解。但时至今日,学界在这一问题上仍然存在争议,显然不利于这一学科未来的发展。这里将重点回顾一些经典教科书中关于区域经济学的定义,同时根据以往定义中的共同点重新对区域经济学进行界定。

(一) 杜贝关于区域经济学的定义

在区域经济学形成初期,杜贝对区域经济学是一门怎样的学科进行了阐述。[①] 他将当时学界中对区域经济学的定义分为四类:① 认为区域经济学并非一门独立学科,它和经济地理、社会学、人口学甚至文学等涉及区域的内容都可以归类区域科学

---

① Dubey, V., "The Definition of Regional Economics", *Journal of Regional Science*, 1964, 5(2), 25-29.

的研究范畴,代表性人物如佩洛夫。① ② 认为区域经济学是一系列问题的组合,包括提高居民或者区域的福利水平,区域的分化以及提高地区资源禀赋的利用效率等,代表性人物如艾萨德。② ③ 认为区域经济学是空间分离的经济学,通过空间一般均衡理论研究最优的区位选择、生产活动空间集聚的位置等一系列问题,代表性人物如贝克曼。③ ④ 认为区域经济学是研究不可流动资源的经济学,代表性人物如迈耶。④

杜贝认为上述观点存在一些不足之处,多数时候是对其他学科的定义,并不适合作为区域经济学的定义。比如,第一种观点是典型的"区域科学"的定义,任何关于区域的研究采用经济学观点的都可以归于区域经济学;第二种观点存在定义不清、无法区分学科以及逻辑缺陷等问题;第三种观点是典型的"区域分析方法",没有说明区域经济学研究具体内容,并且空间分离也不能准确地说明区域经济本质;第四种观点中关于要素的不可流动性并非必要的,而不可流动要素在区域内不同产业或者工厂使用的问题也不属于区域经济学的范畴。根据上述分析,杜贝把区域经济学定义为:"区域经济学是一门从经济学角度出发,研究资源分布不均匀和要素不完全流动性下的地区间差异和相互关系,注重通过规划管理资本投资以减轻因环境差异所引起的社会问题的学科。"

(二) 主流教科书中关于区域经济学的定义

关于区域经济学到底是一门怎样的学科,学界并未形成共识。由于不同学者探讨的视角不同,因而关于区域经济学的定义在不同的区域经济学教科书中也有显著差异。为便于更好地理解区域经济学,汲取百家之长,这里罗列出一些经典教科书中关于区域经济学的定义,如表0-1所示。⑤

---

① Perloff, H. S., Regional studies at US universities: A survey of regionally oriented research and graduate education activities. Resources for the Future, Incorporated, Program of Regional Studies, 1957.

② Isard, W., Methods of Regional Analysis: an introduction to regional science, 1960.

③ Beckmann, M., "Some Reflections of Losch's Theroy of Location", *Papers in Regional Science*, 1955, 1(1), 139-148.

④ 迈耶只是认为这个是区域经济学比较准确的概念,但也不是区域经济学的全部。Meyer, J. R., "Regional Economics: A Survey", *The American Economic Review*, 1963, 53(1), 19-54.

⑤ Richardson, H. W., Regional economics: location theory, urban structure, and regional change. Praeger, 1969.

Hoover, E. M. and F. Giarratani, An introduction to regional economics. New York: Alfred A. Knopf, 1984.

Krumm, R. J. and G. S. Tolley, "Regional Economics", in The New Palgrave Dictionary of Economics, London: Palgrave Macmillan UK, 1987, 1-7.

Nijkamp, P. and E. S. Mills, "Chapter 1 Advances in regional economics", in Handbook of Regional and Urban Economics, 1Elsevier, 1987, 1-17.

陈栋生.区域经济学.北京:河南人民出版社,1993。

郝寿义,安虎森.区域经济学.北京:经济科学出版社,1999。

张敦富.区域经济学原理.北京:中国轻工业出版社,1999。

陈秀山,张可云.区域经济理论.北京:商务印书馆,2003。

安虎森,等.区域经济学(马克思主义理论研究和建设工程重点教材).北京:高等教育出版社,2018。

表 0-1 经典教材中关于区域经济学的定义

代表性人物	定 义
Richardson(1979)	区域经济学是研究经济空间组织规律的一门科学
Hoover and Giarratani (1984)	区域经济学是"空间"经济学,可以用"那里有什么,为什么以及该怎么办"来概括
Nijkamp and Mills(1987)	分析空间分异和经济活动关联的一门学科
Krumm and Tolley(1987)	解释生产和人口在一国内的区位
陈栋生(1993)	从宏观角度研究国内不同区域经济发展及其相互关系的决策性科学
郝寿义和安虎森(1999)	区域经济学是研究区域经济活动的自组织和区际经济联系,以及与此有关的区域决策的科学
张敦富(1999)	区域经济学是研究和揭示区域与经济相互作用规律和相互关系的一门学科
陈秀山和张可云(2003)	运用经济学的基本理论和方法研究空间问题,关于人的空间经济活动规律和经济的区域秩序和区域组织的科学
安虎森等(2018)	区域经济学是经济活动空间分布与协调以及与此相关的区域决策科学

上述是国内外关于区域经济学的经典定义,但依然难以找到比较统一的定义。尽管如此,从这些定义中还是可以找到一些相似的关键词,比如"区域"或"空间",以及"组织规律""关联"和"相互关系"。

(三) 区域经济学的再定义

区域经济学作为一门独立的学科,需要与其他学科在研究对象上有着显著的差异。区域经济学的研究单元为区域,而这个区域则是以个体同质性和异质性来进行划分的,前文已提及,这里不再赘述。

如果只是研究一个单独的区域,那么区域经济学中要么变成了"缩小版"的宏观经济学,要么变成了"城市经济学"之类的学科,也就没有作为一门独立学科存在的意义。回顾区域经济学关注的要素流动、区域分异到区域经济增长,不难发现有关区域问题的探讨至少有两个及以上的区域。[①] 从这个角度上来看,区域经济学不应该以区域内的经济活动规律作为学科的研究对象,而应该将区域间的经济活动规律作为研究主体。此外,区域经济学作为一门应用性的学科,很多区域问题需要地方政府和中央政府的干预才能解决,政策干预也就不可避免成为区域经济学中重要内容之一。

综上所述,有必要给区域经济学重新下一个定义:**区域经济学是一门研究区际经**

---

① Behrens, K. and J. Thisse, "Regional economics: A new economic geography perspective", *Regional Science and Urban Economics*, 2007, 37(4), 457-465.

济活动规律及调控的科学。其中,区际经济活动的规律包括区际经济活动的分布、关联以及相互作用。以长三角经济发展研究为例,按照这一定义,如果研究中既没有涉及长三角这一区域与其他区域之间的经济活动关系,也没有涉及长三角内部不同地区(区域)之间的经济活动关系,这类研究不应属于区域经济学。

二、区域经济学的研究内容

由于学界对区域经济学的定义没有形成共识,因而关于区域经济学的研究内容包括哪些更加难以形成共识。因此,有必要再次回顾经典教材中区域经济学的研究内容,同时根据前文对区域经济学的定义提出本书的研究内容。

(一) 经典论著中关于区域经济学的研究内容

在对区域经济学的综述文章中,除了对定义等进行了回顾之外,迈耶还对区域经济政策、区域经济学的理论基础以及区域经济学的方法分别进行了回顾,这也就构成了区域经济学的最初框架:理论、方法和政策。[①] 这一框架得到学界的广泛认同,至今仍然有不少教科书使用这一框架。[②]

然而需要指出的是,在这样的框架下具体应该包括哪些内容是存在差异的。究其原因,一方面是因为学界对区域经济学是怎么样的学科没有统一认识,另一方面是因为区域经济学科也在不断地发展。比如,在迈耶的综述中提到的理论包括区位理论、乘数理论、投入产出理论和数学规划理论,但是在理查德森的综述中提到的理论则是空间价格理论、区位理论、区域增长理论、创新的空间扩散理论。很显然,不同学者对于哪些属于区域经济学的理论是存在差异的,这与区域经济学的众多理论来源于其他学科有着密切的联系。当然,除了这些内容外,一些区域经济学的教材还大幅讨论了城市的问题,比如区域经济学的第一本教材中,理查德森侧重介绍了区位理论、城市结构以及区域变化。[③] 同样,为了更好地了解区域经济学的研究内容,有必要回顾一下以往经典教材中的研究内容(见表0-2)。

表0-2 经典论著中关于区域经济学的研究内容

代表性论著	研究内容
The State of Regional Economics: A Survey Article	区域经济理论:空间价格理论、区位理论、区域增长理论、创新的空间扩散 区域经济方法:经济基础模型、区域投入产出模型、区域计量模型、转移份额分析、重力模型 区域经济政策:公平有效性、迁移补贴、投资补贴、增长中心理论和政策、区域政策评估

---

① Meyer, J. R., "Regional Economics: A Survey", *The American Economic Review*, 1963, 53(1), 19-54.
② Richardson(1978)在对区域经济学进行综述时,同样使用了这样的基本框架。
③ Richardson, H. W., Regional economics: location theory, urban structure, and regional change. Praeger, 1969.

续 表

代表性论著	研究内容
Handbook of Regional and Urban Economics(1st ed.)	区位分析(含产业和家户) 区域经济模型和空间相互作用分析 区域发展和政策分析
《区域经济学》 (陈栋生,1993)	区域经济发展:区域经济增长、区域产业结构、区域空间结构、区域经济发展战略 区际经济关联:区际经济分工、区际贸易、区际要素流动、区际经济合作 区域经济政策:区域经济政策原理、我国区域经济政策、特殊类型地区经济政策
《区域经济学》 (郝寿义、安虎森,1999)	区域结构 区域经济活动自组织 区际分工与联系 区域地域结构及组成单元 区域经济政策
《区域经济学原理》 (张敦富,1999)	区域经济演变规律 多层经济区域、发挥各地优势的最佳途径 区域经济增长、产业结构转换升级、区域政策和效应规律 区际经济关系发展变动规律 区域经济研究方法等
《区域经济理论》 (陈秀山、张可云,2003)	区域经济理论:区位理论、区域产业结构理论、区域分工与贸易及要素流动理论、区域增长与发展理论、产业转移与区域经济格局演变理论及区域经济干预理论 区域经济经验研究(方法) 区域经济政策
《区域经济学》 (安虎森,2018)	经济活动区位 区域的自组织能力 区际分工与联系 地域结构演进 政府调控

从上表中可以看出,相关的教科书中虽然体系并不统一,但内容主要集中在区位理论、区域增长、区域产业和空间结构、区域分工、区域贸易、区域分析方法以及区域政策等方面,构成了区域经济学的主要研究内容。

(二) 本教材主体框架与主要内容

现有区域经济学教材,种类繁多、内容丰富、各具特色,对推动区域经济学的发展繁荣做出了重要贡献。但也存在一些缺憾之处,不利于学科进一步的发展,主要表现在三个方面:一是,教材编排的逻辑主线不够明显,导致不同教材在章节顺序安排上存在较大差异;二是,教材编排的体系略显庞杂,导致区域经济学教材与经济地理学等学科教材高度相似;三是,教材编排的内容没有突出区域特征,导致区域经济学的教材内有大篇幅内容与产业经济学、发展经济学和宏观经济学等学科教材重复。

本教材从"时+空"二维视角切入区域经济问题，突出区域间（区际）经济活动相互作用及空间关联，以区域要素和商品的流动为起点、以区域生产贸易为过程、以区域发展为结果、以政策干预为手段，分为基础篇、流动篇和发展篇。[①] 本教材区别于主流区域经济学教材，力求做到围绕"微观区域—中观区域—宏观区域"的主线，遵循层层剥离"起因—过程—结果"的体系，突出经济活动"区域间（区际）"关联。全书共分为三篇八章，具体框架如图0-1所示。

```
                    ┌─ 基础篇 ─┬─ 区域经济学的形成与发展
                    │         ├─ 自然优势理论
                    │         └─ 区位选择理论
                    │
                    │         ┌─ 劳动力区际流动理论
     区域经济理论 ───┼─ 流动篇 ┼─ 资本区际流动理论
                    │         └─ 技术区际溢出理论
                    │
                    │         ┌─ 区域产业理论
                    └─ 发展篇 ┴─ 区域增长理论
```

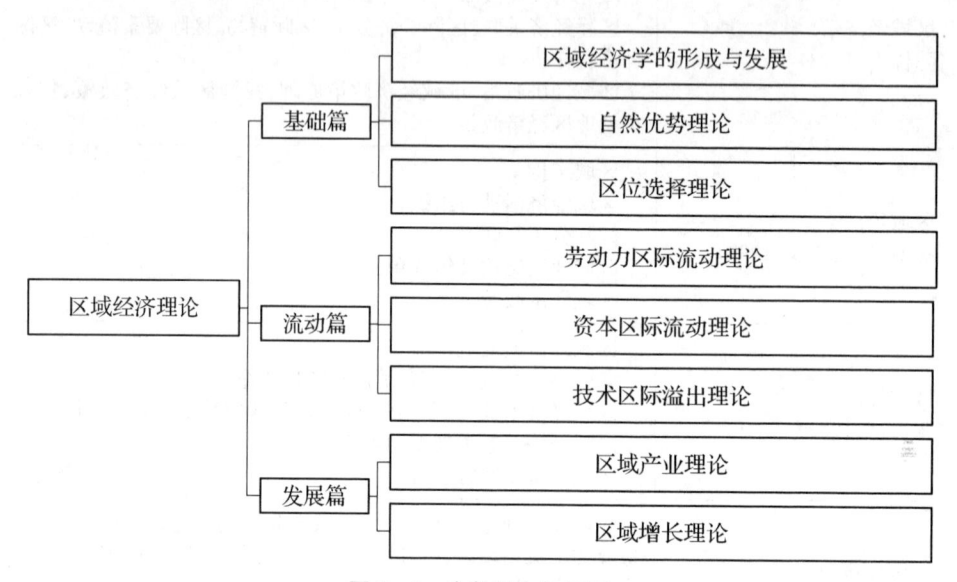

图0-1 本教材主体框架

第一篇为基础篇，内容包括区域经济学的形成与发展、区位优势理论和区位选择理论。世界是不平的世界，不同地区的自然资源禀赋和地理位置等存在千差万别，由此导致区域出现了最初的差异。这种自然区位带来的优势是先天性的，虽然不是必需的，却是极为重要的。为此，本教材第二章将详细介绍这一理论。如果只有自然资源和地理位置的差异存在，还不足以导致区域形成经济差异，毕竟经济活动的形成需要有微观主体的参与。正是由于微观主体的区位选择，经济活动在空间上出现了非均衡的分布。为此，本教材在第三章中重点介绍微观主体的区位选择行为。

第二篇为流动篇，内容包括劳动力区际流动理论、资本区际流动理论以及技术区际溢出理论。在区域经济学形成之初，一些经济学家认为区域经济学是一门研究不可流动要素的经济学科，诸如第二章中介绍的那些内容。但要素多数时候是可以在空间流动的，尽管这种流动需要一定的成本。而主流经济学中由于空间维度的缺失，

---

① 按照前文关于区域经济学的细分，可以分为理论、方法和政策。考虑本教材为区域经济理论教材，内容仅考虑了理论（含政策干预理论）部分，有关区域经济学的其余部分将在后续计划出版的《区域经济方法》和《区域经济政策：应用与评估》中详细介绍。将政策干预理论放入理论研究中主要是基于两方面的考虑：一是，区域经济理论研究不应止于既有的结果，市场失灵的部分需要有政府的干预；二是，区域经济政策的研究内容宽泛，其中的政策干预理论有很强的客观性，这与其余的理论是一致的。

并不研究这些要素的空间流动,从而区域经济学有必要对此进行研究。随着运输技术发展,要素的流动甚至成为区域经济中的主要现象。因此,本教材第四章至第六章将重点介绍劳动力区际流动、资本区际流动以及技术区际溢出理论。

第三篇为发展篇,内容包括区域产业理论和区域增长理论。发展是人类社会永恒的主题,自然也是经济学研究的核心。自然区位的差异和要素的空间流动,引起了区域产业非均衡发展和区域经济增长的分异。要素在空间的流动,是因为不同区域要素的回报率存在差异。但是要素在空间的流动,并不必然获得收益。只有那些投入生产中,并且生产的产品销售出去,才可能获得收益。因为区域发展的不平衡,区域经济学才有了存在的意义。在教材第七章第八章中,将介绍区域产业理论和区域增长理论。

三、区域经济学与其他学科

区域经济学是一门具有"时+空"二维特性,有着自己的独特研究对象的经济学科。但随着"空间"这一特性越来越被重视,空间维度也不只是在区域经济学中才能出现,可以发现区域经济学与空间经济学、城市经济学和新经济地理学有着密切的联系。从前文关于区域经济学的形成与发展的段落中,可以发现区域经济学与经济地理学、地理科学有着广泛的关联。因此,在本章的最后一部分,有必要对区域经济学与其他学科的关系进行阐述,以便学生能够更加清晰地了解区域经济学科。[①]

(一) 区域经济学与空间经济学

区域经济学和空间经济学的研究对象都涉及"空间",因而有必要首先对区域经济学与空间经济学的关系进行阐述。但在具体讲两者关系之前,需要学生对空间经济学的概念有个准确的认识。

空间经济学起源于西方国家,相关的核心词汇包括空间—经济、空间经济以及空间经济学。[②]艾萨德在1949至1956年发表的系列成果,均使用了"空间—经济"的概念。[③]需要指出的是,与他同一时代的经济学家们也会将艾萨德的理论看作"空间经济

[①] 选择将区域经济学与其他学科严格区分,有两个方面的原因:一是,一些教科书上对不同的概念混用,不利于学生对学科的理解;二是,无论是区域经济学教材还是经济地理教材,都有越来越"庞大"的体系,不利于学科的发展。

[②] 国外的论著中使用与空间经济学相关的词汇包括 Space-Economy, Spatial Economy 以及 Spatial Economics。为便于区分,本书中将它们翻译为"空间—经济""空间经济"和"空间经济学"。

[③] Isard, W., "The General Theory of Location and Space-Economy", *The Quarterly Journal of Economics*, 1949, 63(4), 476-506.

Isard, W., "Distance Inputs and the Space-Economy Part II: The Locational Equilibrium of the Firm", *The Quarterly Journal of Economics*, 1951, 65(3), 373-399.

Isard, W., "Interregional and Regional Input-Output Analysis: A Model of a Space-Economy", *The Review of Economics and Statistics*, 1951, 33(4), 318-328.

Isard, W., Location and Space-Economy, The Technology Press and Wiley, 1956.

Fujita, M., "Location and Space-Economy at half a century: Revisiting Professor Isard's dream on the general theory", *The Annals of Regional Science*, 1999, 33(4), 371-381.

学",在20世纪50年代至60年代出现了一批以空间经济学命名的研究文献。[①] 20世纪70年代,胡佛和杰莱塔尼所著的《区域经济学导论》提到了区域经济学即"空间"经济学,这也表明区域经济学属于空间经济学。20世纪90年代,藤田等为了将经济学中"新经济地理"与地理学中地理转向的"新经济地理"进行区分,在1999年出版的专著中采用了"空间经济"的概念。[②] 而克鲁格曼及其追随者,后期保持着使用新经济地理学这一名称。[③] 值得关注的是,在新经济地理学科兴起之际,空间经济学的这一概念重新引起了重视。

那么,空间经济学到底是怎样的一门学科呢,它和区域经济学又是怎样的一个关系呢?2008年出版的《新帕尔格雷夫经济学大词典》(第二版)指出,空间经济学是一门关乎稀缺资源在空间分配和经济活动区位的学科,包括区位理论、空间竞争以及区域和城市经济学。[④] 在对空间经济学的发展进行回顾时,藤田指出除了上述内容外,空间经济学还应该包括新经济地理学。[⑤] 综合而言,空间经济学应当包括区位理论、区域经济学(区域科学中的经济学部分)、城市经济学以及新经济地理学。[⑥] 换言之,区域经济学隶属于空间经济学,是空间经济学的一部分。

(二) 区域经济学与区域科学

区域经济学和区域科学都是研究"区域"的学科,从前文介绍中可知,区域经济学属于区域科学的一部分,而区域科学又属于空间经济学的一部分。为了更深入地了解区域经济学和区域科学的关系,有必要对区域科学的发展进行回顾。

1954年,区域科学协会(RSA)成立,以推动"用客观和科学的分析方法来调查定居点、工业选址和城市发展"。该协会的成立为研究地理尺度相关问题的学者们提供了交流的场所,从而吸引了包括自然科学家、心理学家、人类学家、律师、社会学家、政治学家、规划师和地理学家等的广泛参与。[⑦] 1956年至1960年,艾萨德出版了《区位与空间经济》《工业综合体分析和区域发展》以及《区域分析方法》三本专著,学会期刊《区域科学杂志》创刊,宾夕法尼亚大学开创了区域科学系并设立了区域科学博士项目,标志着区域科学正式成为一门独立的学科。

---

① Pfouts, R. W., "Book Review: Location and Space-Economy", *The American Economic Review*, 1957, 47(5), 699-701.

② 空间经济这一概念在地理学和城市经济学中早有使用,比如Curry(1964)和Arnott(1979)。
Arnott, R., "Optimal city size in a spatial economy", *Journal of Urban Economics*, 1979, 6(1), 65-89.
Fujita, M., P. Krugman and A. J. Venables, The Spatial Economy: Cities, Regions, and International Trade. Cambridge: The MIT Press, 1999.

③ Brakman, et al.(2001)是一个例外,他们将这一理论称为"地理经济学"(geographical economics)。

④ Duranton(2008)在介绍空间经济学时,也详细阐述了新经济地理学。从某种意义上来说,他认为空间经济学应当包括新经济地理学。

⑤ Fujita, M., "The Evolution of Spatial Economics: from Thunen to the new economic geography", *Japanese Economic Review*, 2010, 61(1), 1-32.

⑥ 考虑到学科发展的情况,更广义的空间经济学应当包含空间计量经济学和量化空间经济学。

⑦ Stimson, R. J., "Challenges for regional science research: past and present", *Spatial Economic Analysis*, 2019, 14(2), 133-152.

那么,区域科学是一门怎样的学科呢?区域科学是一门交叉科学,它不同于经济学、社会学、人口学和政治学,对地表的一些特征和资源禀赋的变化进行位置和空间分析,在研究内容上类似于地理学。但是,区域科学又不同于地理学、人口学和政治学,采用了理论模型和数据分析,在研究方法上类似于经济学。[①] 区域科学仍然是一门社会科学,它关注空间和空间系统、区域和区域系统以及位置和位置系统,物理距离、经济、社会和政治等问题都在它的研究之列。传统的学科分类中采用垂直的分类,但地理学和区域科学的学科分类则是水平的。为了和地理学进行严格的区分,艾萨德认为地理学中涉及模型建立和统计分析等部分的社会科学部分应该为区域科学部分,而其他的部分则为地理学部分。

由于区域科学学科的跨学科属性,在区域科学的期刊发表中同时包括经济学、地理学、城市规划等众多学科论文,但以经济学论文为主。[②] 在20世纪60年代,区域科学中经济学的研究逐步形成了区域经济学和城市经济学等分支学科。但区域科学家们对区域经济学的概念使用是不足的,他们仍然喜欢使用"区域分析"或者"区域科学",而不是"区域经济学"。[③]按照理查德森对区域经济学的界定,区域经济学是区域科学中研究经济学的部分。但是,如果只是研究单个城市则又属于城市经济学的范畴,而不属于区域经济学。当然,这并不影响区域经济学是区域科学的一部分。[④]

(三) 区域经济学与经济地理学

区域经济学和经济地理学同属空间经济学,又有着区位论作为共同的理论基础,因此两个学科关系极为密切。[⑤]虽然已有一些论著中对区域经济学和经济地理学两个学科进行了区分,但仍有必要去强调辨析。[⑥]为了更深入地了解两个学科之间的关系,有必要对经济地理学科的发展进行回顾。

经济地理学科有着较强的地理学特征,因而同样强调"人地关系"。人类较早就已经关注到气候等对生产的影响,其学科甚至于可以追溯到公元前。"经济地理学"一词的出现虽然没有那么久远,但可以追溯到1760年。[⑦]在地理学的学科体系中,分

---

① Isard, W., "REGIONAL SCIENCE, THE CONCEPT OF REGION, AND REGIONAL STRUCTURE", *Papers in Regional Science*, 1956, 2(1), 13-26.
② 据统计,1988年和1989年在《区域科学年鉴》《加拿大区域科学杂志》《国际区域科学评论》《区域科学杂志》《区域科学协会论文》《区域科学与城市经济学》《区域科学展望》以及《区域研究评论》等期刊上发表的论文中,经济学论文占据56%,地理学占据12%,城市研究和规划占据9%,农业经济、商业和管理、工程、金融和房地产等各占2%~4%。
③ Meyer, J. R., "Regional Economics: A Survey", *The American Economic Review*, 1963, 53(1), 19-54.
④ Richardson, H. W., "The State of Regional Economics: A Survey Article", *International regional science review*, 1978, 3(1), 1-48.
⑤ 由于教育部公布的1997年学科目录做出了调整,区域经济学成为新的研究生专业。因此,我国的区域经济学和经济地理学更加难以区分。
⑥ 杨吾扬,"经济地理学、空间经济学与区域科学",《地理学报》,1992年第6期,第561-569页。
李小建、罗庆、祝英丽,"经济地理学与区域经济学的区分",《经济地理》,2012年第7期第32卷,第1-5页。
⑦ 由华东师范大学等多位高校编撰的《经济地理学导论》教材中认为罗蒙诺索夫最早创立了"经济地理学",此前学界认定该词由德国地理学家W.格茨首创。

为区域地理学和系统地理学,其中系统地理学又包括自然地理学和人文地理学,而经济地理学则属于人文地理学学科。① 1882年,格茨提出了经济地理学的概念,认为经济地理学是一门研究地球空间对人类经营活动影响的科学。国内早期的经济地理学教材对此较为认同,比如王庸指出该学科是一门"研究地理上自然环境对于人类经济的经济活动之关系"的学科。② 对于经济学地理学的研究内容,既包括地理环境(如气圈、陆圈、水圈)对经济的影响及分布(经济地带),同时还包括地理对人类行为产生影响后对经济的间接影响(如文化等对经济的影响)。③

但随着经济社会的发展,经济地理学有越来越庞大的趋势,有关学科的研究对象也开始存在广泛的争议。经济地理学者的研究不再局限于地理对经济活动的影响,更加偏向于研究生产分布的变化规律、生产综合体的形成分布和运动规律或者两者的结合体。④ 研究内容也不再局限于以往的生产地理学、商业地理学、消费地理学,进一步拓展到生产布局、城镇化居民点布局、经济区划或者区域规划,甚至于区域的结构与组织、区域经济发展、区域之间的组织等。⑤ 这一转变与苏联的经济地理学研究转向有着密切的关系,也导致经济地理学的内容越来越广,而"地理"的血统越来越少。

长期以来,经济学和地理学并没有太多的关联,空间及其主要组成要素在很大程度上,要么被等同看待,要么被忽略,相互之间缺乏交流。在"经济学"与"地理学"的结合过程中,区域经济学和经济地理学分别从不同的方向去结合"经济学"和"地理学",因而有着区位论这一共同基础。但随着两个学科的发展,交叉的部分变得越来越多,边界也变得越来越模糊。再从两个学科建设的出发点来看,区域经济学似乎应该更加强调经济活动在空间的关联性,而经济地理学似乎应该更加强调地理因素对经济活动的影响。

(四) 区域经济学与新经济地理学

区域经济学和新经济地理学同属空间经济学,新经济地理学对区域经济学进行了延续,但同时又超越了区域经济学。同样,为了弄清两者之间的关系,有必要对新经济地理学的发展进行简要的回顾。⑥

空间维度的缺失,在经济学研究中普遍存在。经济学家关注要素配置,却不关心生产和消费等经济活动在哪里生产和消费。以冯·杜能为代表的区位论和以霍特林为代表的空间竞争理论,曾尝试把空间因素纳入经济学,但由于传统经济学对规模报

---

① 华东师范大学,等.经济地理学导论.上海:华东师范大学出版社,1982。
② 王庸.经济地理学原理.北京:商务印书馆,1926。
③ 蔡源明.经济地理学概论.北京:商务印书馆,1934。
④ 详见《经济地理学导论》(华东师范大学等,1982)和《经济地理学》(李小建,1999)。
⑤ 华东师范大学,等.经济地理学导论.上海:华东师范大学出版社,1982。
⑥ 有关新经济地理学体系更加详细的内容,参见颜银根(2013)。

酬不变范式的过度依赖,这两次尝试并未取得成功。① 尽管在20世纪50年代,随着区域科学的发展,城市经济学和区域经济学取得了一定的进展,但仍然没有能够成为经济学中的主流学科。1991年,克鲁格曼发表了《规模报酬和经济地理》一文,由此开辟了新经济地理学这一学科。② 随着《空间经济:城市、区域与国际贸易》《地理经济学导论:贸易、区位、增长》和《经济地理与公共政策》三部巨作的出现以及《经济地理杂志》的推动,新经济地理学成为主流经济学中重要的部分。③

新经济地理学是经济学和地理学一次完美的融合,采用冰山交易成本融入地理距离特征,采用垄断竞争和规模报酬融入经济学特征,是典型的"经济+地理"。但是,新经济地理学不依赖于自然资源等所谓的"第一天性"对经济活动的影响,因而又不同于传统的经济地理学科。在克鲁格曼看来,经济地理学是研究生产要素在空间区位的学科,因此称之为"新经济地理学"以区别于传统的经济地理学。④ 但是,在经济地理学家看来,克鲁格曼的新经济地理学并不属于地理学范畴,甚至认为克鲁格曼对地理学完全不理解。⑤ 加上同时期经济地理学科也出现了文化、制度以及关系等转向的"新经济地理学",他们直接建议克鲁格曼将经济学中的"新经济地理"称作"地理经济学"。⑥ 在克鲁格曼获得诺贝尔经济学奖后,这一争议已经变得较弱了。

新经济地理学从一开始就关注一些区域经济问题,比如要素在空间的流动、产业在空间的分布以及区域间的收入差距等。但是,新经济地理学又不局限于这些内容,不但解释了区域内生非均衡发展的问题,同时还研究了城市、产业、贸易等领域中的一些问题。但这也不是说新经济地理学囊括了所有区域经济学的内容,区域经济学

---

① Combes, P. P., T. Mayer and J. Thisse, Economic Geography: The Integration of Regions and Nations. Princeton: Princeton University Press, 2008.
Von Thunen, J. H., Der Isolierte Staat in Beziehung auf Landwirtschaft und Nationalökonomie. Hamburg: Perthes, 1826.
Hotelling, H., "Stability in Competition", The Economic Journal, 1929, 39(153), 41-57.
② Krugman, P., "Increasing Returns and Economic Geography", The Journal of Political Economy, 1991, 99(3), 483-499.
③ Fujita, M., P. Krugman and A. J. Venables, The Spatial Economy:Cities, Regions, and International Trade. Cambridge: The MIT Press, 1999.
Brakman, S., H. Garretsen and C. van Marrewijk, An introduction to geographical economics: trade, location and growth. Cambridge: Cambridge University Press, 2001.
Baldwin, R., et al, Economic Geography and Public Policy. Princeton: Princeton University Press, 2003.
④ Krugman, P., "Complex Landscapes in Economic Geography", The American Economic Review, 1994, 84(2), 412-416.
⑤ Martin, R., "Critical survey. The new 'geographical turn' in economics: some critical reflections", Cambridge Journal of Economics, 1999, 23(1), 65-91.
地理学家们反对新经济地理学并不奇怪,经济学家们更加喜欢采用数学的方法来分析,而地理学家们则在计量革命之后彻底放弃了数学,转而攻向马克思地理和模糊方法。然而,我们不得不承认,的确是新经济地理学将空间甚至经济地理学代入主流经济学中,引起主流经济学的重视。
⑥ 事实上,新经济地理学领域的代表著作都没有采用"新经济地理学"这一名称,Fujita et al.(1999)使用的"空间经济",Brakman et al.(2001)使用的"地理经济学",Baldwin et al.(2003)和Combes et al.(2008)使用的"经济地理学"。

强调的空间相互作用有相当一部分在新经济地理学中尚未得到呈现。① 从这个角度来看,新经济地理学本质上是区域经济学的延续和发展,但同时又不局限于区域经济学领域,也不包括全部的区域经济学领域。

区域经济学有着自己的学科源头,同时也有着学科新发展方向,因而区域经济学和空间经济学、区位论、区域科学、经济地理学、城市经济学、发展经济学、产业经济学、增长经济学、财政学、国际贸易学、空间经济学等有着密切的联系。上文中我们简要地梳理了区域经济学和几个学科的关系,对此用一张图来进行更加直观的描述(见图0-2)。

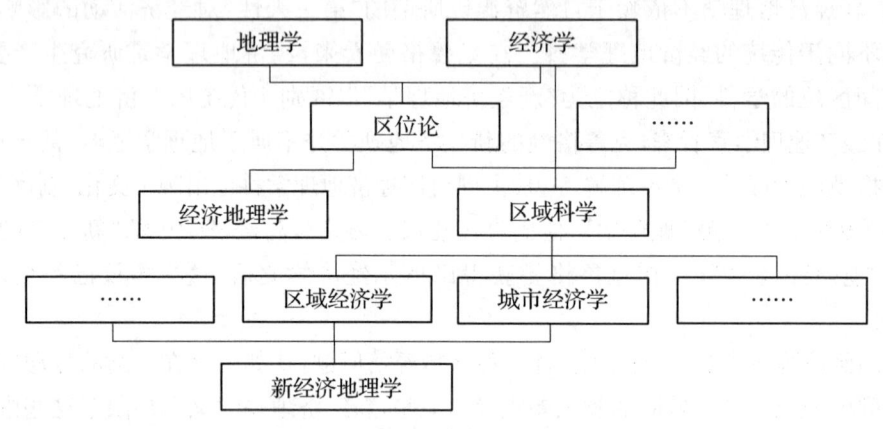

图0-2 区域经济学家族关系简图

注:1. ……表示其他学科;
2. 一个学科产生新的学科后代,原有的学科仍然存在发展;
3. 经济学和地理学结合的学科,都可以归类于空间经济学。

---

① Behrens and Thisse(2007)指出,空间的相互作用包括广泛的空间摩擦,比如商品贸易、移民、资本流动、区域互赠、居民收入的转汇、区域之间知识的传递以及商业周期循环等,新经济地理学当前仅涉及移民、资本流动等生产要素空间相互作用的问题。

第一篇

基础篇

第一篇

基础篇

第一章 区域经济学的形成与发展

长期以来,区域经济的发展引起了广泛的关注。通过对现实世界的系统性的研究,促成了区域经济学的形成。区域经济学注重区域经济发展的现实问题,因此毫无疑问,区域经济学是一门应用性较强的学科。

既然是一门学科,那么区域经济学的发展有着怎样的理论根基呢?或者换句话说,是什么促进区域经济学与其他学科形成显著的差异,并且独立支撑着区域经济学科的发展呢?从冯·杜能的农业区位论到克鲁格曼的新经济地理学,从区位选择到区域经济增长,区域经济学理论又经历着怎样的发展历程呢?新中国成立后,区域经济发展一直是国家关心的重点。那么,随着地区经济的发展,在不同的阶段国家的区域发展战略又发生了怎样的变化呢?围绕这样一系列问题,本章从区域经济学形成的理论根基、国外区域经济学形成与发展的历程以及中国区域经济学形成与发展的历程三个方面展开介绍。

第一节 区域经济学形成的理论根基

由于学科具有同源性,区域经济学与经济地理学、空间经济学等学科有着广泛的关联。作为一门独立的学科,区域经济学有着自己独立的理论根基。胡佛和杰莱塔尼指出,区域经济学的理论根基包括自然资源优势、聚集经济和交通运输成本三大根基。[①] 掌握三大根基,将有助于理解经济活动区位的复杂类型,以及区域经济学的主要问题。

一、自然资源优势

人类的经济活动,离不开自然资源支撑。自然资源是指天然存在的且具有利用价值的各种要素,比较常见的包括土地资源、矿物资源、气候资源、水资源和生物资源等。自然资源在区域上的分布并不均衡,并且普遍具有稀缺性的特征。因而,一些区域更易在某些与自然资源相关的产业上占据优势,并因此而获得发展的优势。

---

① Hoover, E. M. and F. Giarratani, An introduction to regional economics. New York: Alfred A. Knopf, 1984.

自然资源是人类赖以生存的基础,这也是人类最初的经济社会活动都围绕自然资源去展开的重要原因。比如,早期的城市普遍依靠着水资源丰富的河流而建,早期工厂也是普遍围绕能源和原材料丰富的地区而建。究其原因,离自然资源更近的居住区位和生产活动区位,能够大量减少资源在空间上的运输,更具有经济性,并且形成一定的区位优势。部分自然资源为不可流动的要素,或者弱流动性的要素,如果生产中以这类要素作为主要投入要素,那么相关的经济活动只能在这些特定的区域去开展。比如,中国的椰子主要产于海南等热带地区,中国的煤炭企业集中于山西、新疆等煤产地,中国的港口运输主要集中在上海、宁波、深圳、青岛等沿海城市。

生产要素的不可流动性,促成了自然资源优势的形成。这种因初始的自然资源禀赋而形成的区位优势,也就是自然资源优势。这种自然资源优势,对那些成本敏感型的煤炭企业、钢铁企业和石油企业等企业的区位选择影响尤为明显。[1]自然资源在地理上的分布差异,促使那些相关产业集中在特定的地区,比如钢铁之都攀枝花市、石油之都大庆市和煤炭之都大同市都是极具代表性的资源型城市。[2] 这种自然资源优势,也就形成了最初的地区差异,成为区域经济学形成的第一个理论根基。

二、聚集经济

在均质空间,如果没有规模经济和经济的外部性,那么经济空间将变成无限可分割的空间。厂商无须聚集在某些地区,区域间也不会出现收入差距。由于生产要素的不可分割性,企业不会选择在很多地区同时开展小规模生产,而是聚集在特定的地区进行生产。因此,除了自然资源优势之外,聚集经济同样是地区发展的重要因素,前者为"第一天性",后者为"第二天性"。[3]

企业进行规模化的生产,或者在某地区集聚,通常是因为存在规模经济。随着生产规模的扩大,企业生产成本出现了下降。这种成本的下降,可能源于企业自身产量的增加,也可能源于外部环境带来的溢出。其中,企业通过自身的产量增加,实现单位产品的成本下降,称之为内部规模经济;企业通过获得外部的溢出,实现产品成本的下降,称之为外部规模经济。[4] 企业从外部获得的溢出可能有着不同的来源,比如

---

[1] Marshall(1920)提出影响工业生产区位的首要因素是一些自然环境,比如气候、石油、矿藏资源,或者在交通上更具有可达性。对于制造业企业而言,尤其是那些以矿藏或者农产品为主要投入的制造业企业,接近于资源供应地是极其重要的(Fuchs,1962;Audretsch and Feldman,1996)。

[2] Kim(1995,1999)和Ellison and Glaeser(1997,1999)在研究中发现,自然资源优势大概解释了20%以上的集聚。

[3] 与自然资源优势相似,规模经济同样属于"天性"的。但前者属于先天的自然因素,后者属于先天的经济规律。为便于区分,将前者称为"第一天性",将后者称为"第二天性"。也有一些文献将"First Nature"和"Second Nature"翻译为"第一自然"和"第二自然",这里翻译成"天性"可能更易于被理解。Cronon(1991)对芝加哥的经济发展研究发现,芝加哥并没有明显的资源优势,1870年后原来的港口优势也逐步被铁路所取代,真正推动芝加哥发展的反而是第二天性的自我强化优势。

[4] Ethier(1982)在研究国际贸易问题时,首次将这两种规模经济进行了严格的区分。有关规模经济系统性的论述,详见颜银根(2015)。

从投入和基础设施共享中获得的本地化经济,或者通过知识溢出所产生的城市化经济。本地化经济产生了马歇尔-阿罗-罗默外部性,溢出至同产业,形成了同行业的产业集聚;城市化经济产生了雅克布斯外部性,溢出至其他产业,形成了不同行业的产业集群。

生产要素的不完全可分性,促成了聚集经济的形成。主流经济学的研究中通常将成本分为固定成本和可变成本,其中固定成本即为不可分割的部分。无论是厂房还是机械设备,总是由众多数量的产品来共同分担。生产要素的不完全可分性,也就意味着总是有一些地区的生产会多于其他地区,也就形成了地区的差异,成为区域经济学形成的第二个理论根基。

三、交通运输成本

经济活动的形成离不开特定的空间,而不同空间开展经济活动也回避不了地理距离。生产要素和产品在空间上的流动,需要交通运输去支撑。从早期的筏、独轮车、马车到现代的飞机、高铁、轮船,人类始终在推动着交通运输工具的发展,以达到降低运输成本和缩短运输时间的目的。

地理距离产生成本是多样的,包括运输成本、时间成本、政策障碍、信息成本、合同执行成本、折现成本、法规成本等在内的一系列成本。[1] 其中,影响最大的就是运输成本和时间成本,这也是人类致力于改善交通运输工具的重要原因。因为运输工具的改善,古时只有皇家贵族才能享受的南方荔枝,现如今在北方的超市随处可见。也是因为运输工具的改善,我们可以在周末说走就走,来一场千里之外的旅行。当然,即便如此,产品或要素的流动仍然不是完全的,不是免费的,更不是没有时间成本的。在运输不发达的时代,为了节约运输成本,企业可能会选择距离原材料地 3 千米的地方生产,而不是选择 3 千米以外的地方去生产;而在运输发达的时代,企业可能会选择距离原材料 300 千米的地方生产,但仍有可能不会选择 300 千米以外的地方去生产,同样也是为了节约运输成本。随着交通运输技术的改进,产地的可选地域范围扩大了,但地理距离的影响并没有彻底消失。

产品和要素的不完全流动性,带来了运输成本。距离仍然是影响经济活动的重要因素,而要克服距离的障碍则需要支付交通运输成本。虽然自然资源优势和聚集经济的存在,促使经济活动集中在某些地区,形成了聚集力;但地理距离的存在,又会促使其他地区出现类似的经济活动,形成了分散力。产品和要素的不完全流动性,也就意味着那些缺乏资源优势的地区仍然有可能获得发展,成为区域经济学形成的第三个理论根基。[2]

---

[1] 详见 Anderson and Wincoop(2004)。
[2] 如果地区没有特定要素或者没有大量的低流动性要素,在区域间运输成本下降时,边缘地区极有可能会被进一步边缘化,详见颜银根等(2020)。

第二节　国外区域经济学形成与发展的历程

区域经济学萌芽于20世纪40年代,1954年区域科学协会的成立、1956年艾萨德出版《区位与空间经济》以及宾夕法尼亚大学区域科学系开设相关课程则标志着区域经济学初步形成。① 在20世纪五六十年代,区域研究者们更喜欢用"区域分析"或者"区域科学"来描述这门学科。经过众多区域经济学家的努力,区域经济学在70年代逐步形成体系,大致分为区域经济学理论、区域经济学方法以及区域经济学政策三个分支。② 区域经济学的研究以传统经济学为基础,更加侧重于区位地理空间的配置。③ 区域经济学的发展历程虽不长,但是区域经济学的理论渊源可以追溯到19世纪20年代出现的古典区位理论。区域经济学的发展历程可以分为萌芽阶段、形成阶段和发展阶段。

一、萌芽阶段:区位理论形成

区位理论是区域经济学发展的基石,以研究为什么特定的经济活动会选择在特定的地区开展为目标。经典的区位理论则是以农作物和工厂的区位选择为重点,历经古典区位理论和新古典区位理论两个不同的阶段,这与当时的社会经济发展状况是相匹配的。④ 其中,古典区位理论以杜能的农业区位论和韦伯工业区位论为代表,研究中侧重分析运输成本对农作物和工厂区位选择的影响,采用局部均衡的分析方法。新古典区位理论以霍特林空间竞争理论、克里斯泰勒的中心地理论和廖什的市场区位论为代表,研究中采用一般均衡的分析方法。

(一) 古典区位理论

现实世界不是主流经济学所想象的那样,生产和消费活动没有空间维度。事实上,生产和消费活动都需要明确的区位,生产过程中所需的原料或中间品可能来自其他地区,生产出来用于消费的产品同样需要销往其他地区。在这里,我们不可回避的一个问题是,生产活动需要选择一个合适的区位。

1826年,德国农业经济学家杜能公开出版了《孤立国对农业及国民经济之关系》(德文版,简称《孤立国》)一书。⑤ 该书最早系统地提出了不同种类的农作物存在最优

---

① Isard, W., "Regional Science, the Concept of Region and Regional Stucture", *Papers in Regional Science*, 1956, 2(1), 13-26.

② Meyer, J. R., "Regional Economics: A Survey", *The American Economic Review*, 1963, 53(1), 19-54.

③ Richardson H W. The State of Regional Economics: A Survey Article [J]. International Regional Science Review. 1978, 3(1): 1-48.

④ 现代区位理论的研究对象包括工厂、公共基础设施、商店等一系列经济活动的区位选择,有关区位理论更翔实的介绍参见本书第三章。

⑤ Von Thünen, J. H., Der Isolierte Staat in Beziehung auf Landwirtschaft und Nationalökonomie. Hamburg: Perthes, 1826.

的生产区位,形成了经典的农业区位论。《孤立国》中指出,不同区位生产的农产品运往销售地(城市)时,所支付的运输成本是不同的。由于不同区位农产品的生产成本相同,因而农作物的利润则由运输成本来决定,并且是运输距离的减函数。根据运输成本的差异,杜能提出孤立国将会形成以城市为中心、由内向外的、同心圆形状的六个农业圈,即"杜能环"。

德国经济学家韦伯继承了这一思想,在1909年出版的《工业区位理论》(德文版)中指出区位因素决定厂商的生产区位,形成最具代表性的工业区位论。韦伯认为区位因素包括一般区位因素和适用于特殊行业的特殊区位因素,其中一般区位因素包括运输费用、劳动力成本以及集聚因素,特殊区位因素包括湿度等影响特殊产业生产的因素。对厂商来说,早期的运输费用占据成本比较大,因而厂商首先需要考虑运输距离和运输量最小的地点。由于劳动力成本和聚集因子同样会影响到企业的成本,需要对这些因素加以考虑,并适当进行修正。类似于农业区位论,古典的工业区位论仍然以成本最小化,乃至运输成本最小化作为区位选择的依据,这一点在劳恩哈特和韦伯的研究中都可以发现。[1]

(二) 新古典区位理论

新古典区位理论与古典区位理论有着显著的差异,集中表现在两个方面。一是均衡分析方法不同,新古典区位理论采用一般均衡分析,古典区位理论采用局部均衡分析。二是区位决策依据不同,新古典区位理论以利润最大化作为区位选择的原则,古典区位理论以生产成本最小化作为区位选择的原则。

1929年,美国经济学家霍特林发表了《竞争的稳定性》一文,侧重探讨了两个厂商在主街上如何进行区位选择。[2] 但是,这篇文章最初并未引起区域经济学家们的关注,与他同时代的经济学家更多地将该模型视为解释双寡头垄断的模型。究其原因,在《竞争的稳定性》这篇文章中,霍特林采用了主街这个空间概念,但是主要分析了厂商的竞争以及商品价格。在20世纪30年代和70年代,垄断竞争的理论研究引起巨大的关注,霍特林模型被看作是差异化产品生产的模型,成为产业组织理论的奠基之作也就不足为奇了。但需要注意的是,霍特林模型探讨了企业在主街上的区位选择,属于企业区位竞争问题,因而从区位论的视角来看是典型的空间区位竞争模型。

根据对德国南部所有城市和农村进行的研究,德国地理学家克里斯泰勒于1933年出版了《德国南部的中心地》(德文版)一书。[3] 该书奠基了城市区位理论,提出城市空间布局的中心地理论,解释了城市等级体系的自发形成。中心地理论认为,中心地体系的形成由三个原则支配,它们是市场原则、交通原则和行政原则。在不同原则的支配下,中心地网络呈现不同的结构。中心地和市场区大小的等级顺序有着严格的

---

[1] Wilhelm Launhardt A B. The theory of the trace: being a discussion of the principles of location. Lawrence Asylum Press,1900.
[2] Weber, A., Theory of the Location of Industries. Chicago: University of Chicago Press, 1909.
[3] Christaller, W., Central Places in Southern Germany. Jena: Fischer, 1933.

规定,即按照所谓K值排列成有规则的、严密的系列。等级较高的中心地向消费者提供的产品最多,而等级最低的中心地只向消费者提供部分产品。克里斯泰勒的中心地理论,通过将不同级别的商品供应与不同级别的市场相匹配,最终实现了利用最少的供应点向所有地区供应所有商品的空间模式。

克里斯泰勒中心地理论的假设条件之一是厂商的供应范围是有限的,因此不同行业的厂商选择的区位可能完全不同。在1940年出版的《区位经济学》(德文版)一书中,德国经济学家廖什则沿着这一思路展开,形成了"市场区位理论"。[①] 该理论依据利润最大化原理,以市场需求作为空间变量来研究区位理论,形成多因素变动分析的动态区位模型。廖什认为,单个厂商销售产品的范围是有限的,以产地为圆心、以最大销售距离为半径。这样,会存在一些空白市场,从而吸引新厂商的加入。由于每个厂商的销售范围为圆形,因而只要不同厂商销售范围没有交叉(圆没有相交),那么总会有新的厂商加入去覆盖空白市场。如果厂商足够理性的话,则最终将形成六边形的市场网络。

二、形成与发展阶段:从区域科学到区域经济学

二战前区位理论的研究主要集中在德国,研究内容主要集中在生产者对区位的选择。二战后德国成为战败国,经济恢复是当时最首要的任务。与此同时,随着凯恩斯主义的盛行,以及美国区域经济发展中迫切需要更多的理论指导实践,推动了区域科学在美国的快速形成。因此,二战后区位理论的研究重心从德国转移到美国,以艾萨德为代表形成的区域科学取得了较大进展。

(一)区域科学的形成

在哈佛大学攻读研究生学位期间,艾萨德主攻建筑与运输发展,同时专研区位理论。1941年,艾萨德进入芝加哥大学学习,期间了解到更多的经济学理论,并对区域分析产生了浓厚的兴趣。二战后,艾萨德重新返回哈佛大学,研究区位理论以及里昂惕夫投入产出分析。期间,他出版了一系列关于空间经济、区域投入产出以及区位理论等方面的论著。[②]

[①] Losch, A., The Economics of Location. Translated from the Second Revised Edition, Yale University Press, New Haven, Conn, 1956.

[②] Isard, W., "Transport Development and Building Cycles", *The Quarterly Journal of Economics*, 1942, 57(1), 90–112.

Isard, W., "Some Locational Factors in the Iron and Steel Industry since the Early Nineteenth Century", *Journal of Political Economy*, 1948, 56(3), 203–217.

Isard, W., "Locational Factors in the Iron and Steel Industry since the Early Nineteenth Century", *Journal of Political Economy*, 1948, 56(3), 203–217.

Isard, W., "The General Theory of Location and Space-Economy", *The Quarterly Journal of Economics*, 1949, 63(4), 476–506.

Isard, W., "Interregional and Regional Input-Output Analysis: A Model of a Space-Economy", *The Review of Economics and Statistics*, 1951, 33(4), 318–328.

Isard, W., "Distance Inputs and the Space-Economy Part II: The Locational Equilibrium of the Firm", *The Quarterly Journal of Economics*, 1951, 65(3), 373–399.

不同于早期的区位理论,区域科学不再只是关注于微观主体厂商等的区位选择,同时关注中观的部门区位问题以及宏观的经济发展问题。与艾萨德同期的另一位区域科学家胡佛,系统地研究了美国制鞋工业的区位问题以及工业本地化的测度问题。[①] 而从20世纪50年代开始,艾萨德进一步从部门区位的研究转向了区域宏观经济的研究,其研究目的是建立区域空间的总体均衡,为工业区位选择提供更多的理论支撑。艾萨德的研究已突破了传统区位论局部均衡分析以及经济要素的研究范畴的局限性,尝试进行区域总体均衡分析,探讨各种要素对区域总体均衡的影响。

1954年11月29日,区域科学协会在美国的底特律正式成立。区域科学协会的会员身份极其宽泛,有经济学家、地理学家、生态学家、人类学家以及城市规划、区域规划方面的学者。不同的学科背景造就了区域科学研究内容的宽泛性,也促进了区域科学的快速发展。

(二)区域经济学的形成

多数区域经济学家认为,区域经济学的形成时期在20世纪50年代,以区域科学的形成为标志。但是,至于区域经济学具体是怎样的一个学科,学界并没有统一的认识。[②] 在区域科学形成最初,经济学家们并不单独去谈论"区域经济学",谈论更多的是"区域科学"和"区域分析"。[③] 艾萨德在1960年出版的《区域分析方法:区域科学导论》,虽然将研究内容指向了经济学问题,但是仍然没有使用区域经济学的概念。[④] 甚至,在区域经济学的一些综述文献中,对哪些属于区域经济学的研究范畴也是存疑的。[⑤]

区域科学在发展过程中不断吸收经济学的理论与方法,包括投入—产出分析、配第-克拉克定理、生命周期理论、雁行模式、乘数理论、增长理论、比较优势理论、赫克歇尔-俄林理论等等,逐步形成了区域经济学。至20世纪70年代,已有系统化的区域经济学的教材出现,以胡佛和杰莱塔尼的《区域经济学导论》和理查德森的《区域经济学》最具代表性。[⑥]

---

① Hoover, E. M., "The Location of the Shoe Industry in the United States", *The Quarterly Journal of Economics*, 1933, 47(2), 254-276.
Hoover, E. M., "The Measurement of Industrial Localization", *The Review of Economics and Statistics*, 1936, 18(4), 162-171.
Hoover, E. M., Location theory and the shoe leather industries. Harvard University Press, 1937.
② 下一节中将重点介绍区域经济学的概念。
③ Meyer, J. R., "Regional Economics: A Survey", *The American Economic Review*, 1963, 53(1), 19-54.
④ Isard, W. and D. Bramhall, Methods of Regional Analysis: an introduction to regional science. Cambridge: MIT Press, 1960.
⑤ 在区域经济学形成初期,早期的区域经济学经典综述,包括Meyer于1963年发表在美国经济评论上的论文"Regional Economics: A Survey",都对将区域经济学定义得太宽或者太窄存在顾虑。
⑥ Hoover, E. M. and F. Giarratani, An introduction to regional economics. New York: Alfred A. Knopf, 1984.
Richardson, H. W., Regional economics. University of Illinois Press, 1979.

(三) 区域经济学的发展

20世纪50年代至70年代发展的区域经济理论，和主流经济学一样采用了一般均衡的分析框架，也和主流经济学一样无法摆脱市场完全竞争的假设。但空间不可能定理指出：在特定的空间范围内，如果空间同质且存在运输成本，并且偏好有着局部非饱和性，则不存在包含商品运输的区位竞争均衡。[①] 因此，如果要想解释经济活动在空间上的分布，需要选择以下三种模式中的一种去解决：① 采取国际贸易理论假定，即空间是同质的假设；② 采取城市经济学的假设，即生产和消费是具有外部性的假设；③ 放弃市场是完全竞争的假设。

20世纪70年代末，产业组织理论得到快速发展，垄断竞争和规模报酬递增得以在一般均衡的框架下处理。其中，以迪克西特和斯蒂格利茨在1977年发表的《垄断竞争和最优产品多样化》最具代表性，该框架也成为新贸易理论、新增长理论以及新经济地理等理论研究的基础。[②] 与此同时，城市经济学迅速得到发展，逐步形成了新城市经济学，与区域经济学大有分道扬镳之势。克鲁格曼顺应时代潮流，1991年发表了《规模报酬递增与经济地理》一文，将迪克西特-斯蒂格利茨框架与萨缪尔森的"冰山成本"融合起来，形成了"核心—边缘"模型。[③] 在这一新经济地理学奠基之作中，克鲁格曼内生地解释了传统区域经济学中所关注的产业空间集聚以及区域收入差距等问题，从而也成为区域经济学的最新研究。由于新经济地理学和新贸易理论、新增长理论有着共同的理论基础，因而区域经济学有望借助于新经济地理学的发展而获得新生。

第三节　中国区域经济学形成与发展的历程

中国区域经济学的形成相对较晚，脱胎于生产力布局，从20世纪80年代中后期逐步兴起。与国外区域经济学的形成相似，学科形成中有众多的地理学者参与其中。但不同于国外区域经济学的形成，中国区域经济学形成过程中以实践为主。以中国经济体制的变化为分界线，中国区域经济学的形成与发展可以分为两个阶段。

一、计划经济时代：生产力布局理论

在计划经济时代，微观主体之一的企业无法根据成本最小化或者利润最大化来决定生产区位，生产力布局是确定企业区位的主要手段。马克思主义者认为，生产资

[①] Starrett, D., "Market allocations of location choice in a model with free mobility", *Journal of Economic Theory*, 1978, 17(1), 21-37.

[②] Dixit, A. K. and J. E. Stiglitz, "Monopolistic Competition and Optimum Product Diversity", *The American Economic Review*, 1977, 67(3), 297-308.

[③] Krugman, P., "Increasing Returns and Economic Geography", *The Journal of Political Economy*, 1991, 99(3), 483-499.

料私有化意味着资源总是会向收益率高的地区转移,因而区域间经济发展水平总是会不平衡。因此,需要借助于生产力布局去实现资源在空间上的配置。中国的生产力布局以苏联的生产力布局实践为参考依据,结合中国的资源分布和国防需要展开。其中,影响最大的是20世纪60年代至70年代的"三线建设"①。

生产力布局学是探求各种行业布局最优方案的学科,其任务是探究生产力布局的规律性。也就是说,行业的区位是其研究的主要内容。当然,生产力布局并不仅仅局限于产业区位,它同时考虑区域如何发展经济等问题。虽然生产力布局能够相对有效地利用资源,但是区域间的资源配置和产、供、销等社会再生产的各个环节都由中央计划统一规定。在新中国成立初期至改革开放之前,生产力布局为我国经济发展做出了不可磨灭的贡献,但是必须承认生产力布局有其局限性。比如,生产力布局偏向于区域的均衡发展,这就限制了要素的最优配置,导致要素资源在空间上出现了错配。从某种意义上来说,生产力布局伴随着计划经济应运而生,都是属于时代的产物。但随着改革开放的深入,为了充分发挥微观主体的能动性,生产力布局逐步退出舞台。其中,以微观主体的区位选择最为明显。

二、市场经济时代:从非均衡发展到均衡发展理论

随着中国改革开放的不断深入和社会主义市场经济体制的不断完善,生产力布局已无法再适应市场经济发展需要,要求转向区域经济学的研究。在20世纪80年代中后期,一批区域经济学家对中国的区域划分、区域经济学的研究对象等进行了激烈的争辩,并且在国土规划编制、制定区域发展战略、制定区域产业政策以及规划城镇化发展等方面取得了实质性的进展。中国的区域经济学发展更加具有时代性和实践性,因而这一时期中国区域经济学的形成与区域发展战略有着高度的相关性。

(一)改革开放初期:沿海地区优先发展战略

改革开放后,结合中国经济发展现实需要,借鉴西方区域非均衡发展的理论,中国区域经济发展采取了非均衡发展的战略。通过优先发展沿海地区的工业经济,形成经济发展的增长极。

1979年7月,中共中央、国务院同意在广东省的深圳、珠海、汕头三市和福建省的厦门市试办出口特区。1980年5月,中共中央和国务院决定将深圳、珠海、汕头和厦门这四个出口特区改称为经济特区。②经济特区的成功极大地鼓舞了中国改革开放的深化,并于1984年开始实施中国对外开放的第二战略——沿海开放城市,给予这些

---

① 20世纪60年代,随着中国外交关系的变化,党中央提出了将工业布局重点转向内地,将全国分成一线、二线和三线地区,俗称"三线建设"。三线建设一方面属于时代备战需要,另一方面也推动了中西部地区的重化工业发展。

② 正是因为经济特区的初步设立取得了巨大的成效,中央政府才进一步在海南岛、新疆的喀什和霍尔果斯等地区设立经济特区,并且不断扩大深圳、厦门、珠海、汕头等经济特区的范围。

沿海城市在利用外资、利用外汇、基础设施建设等多个方面的优惠政策。① 如果说经济特区的设立打开了中国对外开放的一扇窗,那么沿海开放城市的设立则打开了中国对外开放的大门。但这只是区域优先发展的一部分,在经济特区和沿海开放城市之后,中央政府进一步在 1985 年实施了区域优先发展战略的第三步,即沿海经济开放区。② 并且,在 1992 年进一步开放了浦东新区。

(二) 20 世纪 90 年代:区域援助发展战略

沿海地区优先发展政策吸引了中西部地区大量的人力、物力和财力,间接地导致西部地区经济发展难以维系,中国区域发展差异不断扩大。从 20 世纪 90 年代后期开始,随着区域非均衡发展日益凸显,中国实施了区域援助发展战略,从非均衡发展逐步转向均衡发展。

1999 年,中央经济工作会议提出促进"东西部协调发展和最终实现共同富裕"的西部大开发战略。③ 不同于区域优先发展战略实施过程中的渐进式推进,中国的区域援助发展战略覆盖范围较广。2000 年,国务院成立西部地区开发领导小组,对西部地区大开发战略进行了全面部署,自此西部大开发战略全面展开。西部大开发的政策优惠,主要体现在三个方面:一是,税收优惠政策,大幅降低内资企业和外商投资企业的税收,促进了西部地区相关企业的兴办;④二是,财政补贴政策,中央对西部地区农业、社会保障、教育、科技、卫生、计划生育、文化、环保等给予专项补助资金;三是,对口援助政策,在经济、教育、科技等多方面开展点对点的援助计划。⑤ 通过系列的援助计划,以推动建设西部地区基础设施以及保护好生态环境这两个重要目标的实现。⑥

---

① 1984 年 5 月 4 日,中共中央、国务院关于批转《沿海部分城市座谈会纪要》的通知中指出,"进一步开放天津、上海、大连、秦皇岛、烟台、青岛、连云港、南通、宁波、温州、福州、广州、湛江和北海十四个沿海港口城市,在扩大地方权限和给予外商投资者若干优惠方面"。
② 1985 年,《中共中央、国务院关于批转〈长江、珠江三角洲和闽南厦漳泉三角地区座谈会纪要〉通知》(中发〔1985〕3 号文件)开启了沿海经济开发区的进程。随后的几年中,沿海经济开放区的范围不断扩大,如国务院出台了一系列复函同意辽东半岛、胶东半岛、环渤海地区以及济南、舟山等市列入,同意广东、闽南三角经济开放区等沿海开放经济区范围的扩大。
③ 西部大开发是中国从"先富"走向"共同富裕"的战略选择,是继沿海地区优先发展战略后中国的又一项区域发展战略,对中国西部地区(重庆、四川、贵州、云南、西藏、陕西、甘肃、青海、宁夏、新疆、内蒙古和广西,12 个省、直辖市、自治区集中进行开发,其目的是"把东部沿海地区的剩余经济发展能力,用以提高西部地区的经济和社会发展水平、巩固国防。"1999 年 9 月,中共十五届四中全会通过《中共中央关于国有企业改革和发展若干重大问题的决定》,明确提出"国家要实施西部大开发战略"。
④ 由财政部、国家税务总局、海关总署依据西部大开发中的《国务院关于实施西部大开发若干政策措施的通知》(国发〔2001〕33 号)及《国务院办公厅转发国务院西部开发办关于西部大开发若干政策措施实施意见的通知》(国办发〔2001〕73 号)等文件制定的税收优惠政策。
⑤ 中国东西部区域援助政策始于 1996 年 5 月,中央确定北京等 9 个东部省市和 4 个计划单列市与西部 10 个省区开展扶贫协作。根据援助结果,分别于 2002 年、2010 年以及 2016 年做了三次调整,援助也由最初的以省份为援助对象变成以地级市为援助对象。
⑥ 2000 年 10 月份召开的中国共产党第十五届中央委员会第五次全体会议中关于《中共中央关于制定国民经济和社会发展第十个五年计划的建议》对西部大开发战略进行了定位,"力争用五到十年时间,使西部地区基础设施和生态环境建设有突破性进展"。

(三) 21世纪:区域协调发展战略

西部大开发属于区域援助发展战略,同时也是中国区域协调发展战略的起点。从2003年开始,中国相继推出了"振兴东北老工业基地"(2003)和"中部崛起"(2004)两大区域协调发展战略,实现了区域发展战略的全覆盖。

作为中国曾经的重化工业重要基地,东北曾经为中国经济发展做出重要贡献。但随着沿海地区工业经济和外向型经济的快速发展,东北地区的工业相对滞后,经济出现较大的衰退。2003年10月,中共中央、国务院发布《关于实施东北地区等老工业基地振兴战略的若干意见》标志着"振兴东北老工业基地"战略的实施正式开始。[1] 不同于西部大开发的以基础设施建设和生态环境保护为重点,也不同于振兴东北老工业基地以机制完善和产业结构调整为重点,中部崛起计划是以工业化和城镇化的协同推进为重点。中部崛起计划强调依托现有产业进行层次提升,推进工业化与城镇化同步发展,发挥承"东"启"西"和产业发展优势中崛起。

2013年后,国家推出了一系列的区域协调发展战略和倡议,包括"一带一路"倡议(2013)、"长江经济带"(2014)、"京津冀协同发展"(2014)、"国家级城市群"(2015)等战略,对改变中国经济的空间格局有着重要的意义。与以往的区域发展战略相比,这些区域发展战略和倡议有两个鲜明的特点:① 更加突出了"点—线"发展思路,强调更大范围内的优先发展。② 这些战略中既包括发达地区也包括欠发达地区,更加注重发达地区对欠发达地区的带动作用,强调区域经济非均衡发展中的溢出效应。

在区域优先发展战略下,沿海地区省份经济普遍得到了发展,部分沿海城市经济发展甚至于超过省会城市,成为本省经济的增长极。而在区域援助战略下,西部省份经济获得了较大的发展,区域非均衡发展有所缓和。在区域协调发展战略下,中部地区和东部地区经济有所增长,从衰退中逐步恢复。与此同时,一些发达地区已经对周边的欠发达地区起到了带动作用,成为中国经济发展的新动力。从非均衡发展到均衡发展,构成了中国区域经济学发展中最为重要的组成部分。

本章小结

区域经济学的形成源于对区域经济问题的研究,而区域经济问题又是极具现实的经济问题,因而区域经济学是一门应用性较强的学科。为了更系统地了解区域经济学,本章从区域经济学形成的理论根基出发,重点介绍了国外和中国区域经济学的形成以及发展的历程。

按照胡佛和杰莱塔尼的分析,区域经济学形成的理论根基包括三个方面:自然资

---

[1] 2003年10月,中共中央、国务院发布《关于实施东北地区等老工业基地振兴战略的若干意见》(中发〔2003〕11号)。为进一步促进东部地区振兴,国务院相继出台了《国务院关于进一步实施东北地区等老工业基地振兴战略的若干意见》(国发〔2009〕33号)以及《中共中央国务院关于全面振兴东北地区等老工业基地的若干意见》,从完善体制机制、推进结构调整、鼓励创新创业、保障和改进民生等四大方面提出了要求和措施。

源优势、聚集经济和交通运输成本。自然资源在区域上的分布并不均衡，并且普遍具有稀缺性的特征。当生产要素具有不可流动性，也就形成了最初的地区差异，成为区域经济学形成的第一个理论根基。由于生产要素的不可分割性，企业聚集在特定的地区进行生产。生产要素的不完全可分性，也就意味着总是有一些地区的生产会多于其他地区，也就形成了地区的差异，成为区域经济学形成的第二个理论根基。经济活动的形成离不开特定的空间，而不同空间开展经济活动也回避不了地理距离。而地理距离的存在，也就意味着那些缺乏资源优势的地区仍然有可能获得发展，成为区域经济学形成的第三个理论根基。

区域经济学的发展历程虽不长，但是区域经济学的理论渊源可以追溯到19世纪20年代出现的古典区位理论。区域经济学的发展历程可以分为萌芽阶段、形成阶段和发展阶段。区域经济学的萌芽阶段是区位理论形成阶段，包括以杜能的农业区位论和韦伯的工业区位论为代表的古典区位理论和以霍特林的空间区位竞争理论、克里斯泰勒的中心地理论和廖什的市场区位论为代表的新古典区位理论。区域经济学的形成与发展阶段，包括区域科学的形成、区域经济学的形成和区域经济学的发展。

中国区域经济学的形成相对较晚，脱胎于生产力布局。中国区域经济学形成过程中以实践为主，以中国经济体制的变化为分界线，中国区域经济学的形成与发展可以分为两个阶段，主要包括计划经济时代的生产力理论、市场经济时代的非均衡发展理论以及市场经济时代的均衡发展理论。

第二章 自然优势理论

世界是不平的,而这种不平是与生俱来的。从地球形成之日起,不同地区的地理环境差异就已经形成,包括自然资源的空间分布和地理位置的空间差异。尽管经济学家们和地理学家们都清楚自然资源和地理位置对区域经济的发展极为重要,但这种重要性却没有得到应有的重视。[①]

随着经济社会的发展,自然资源和地理位置的重要性正在削弱,但我们无法否认其重要性。按照人类是否对自然进行改造,可以分为"第一自然"和"第二自然"。[②] 人类的经济活动,离不开"第一自然",也离不开"第二自然"。尽管第二自然决定了诸如芝加哥这样的大城市发展更快,但第一自然决定哪些城市更有可能率先形成;[③]尽管第二自然解释了类似硅谷这样的产业集聚,但第一自然仍然解释了美国工业大约20%的产业集聚。[④] 事实上,如果一个企业对成本更加敏感,那么有着"自然优势"的地区则更加可能吸引着该类型的企业在地理上形成集聚。[⑤] 自然地理作为人类经济活动的起点,在区域经济的发展中起着重要的作用。当然,强调地理因素对人类经济活动的作用,并不意味一定要完全认同自然环境(或资源基础)决定了最终的经济发展。[⑥] 虽然区域经济学家们都认识到自然地理的重要性,但却很少有区域经济学的教材对自然地理而形成的优势展开深入的介绍。为了更好地了解自然资源和地理位置对区域经济的影响,本章将重点介绍自然区位优势理论,包括自然资源优势理论和地理位置优势理论。

[①] Gunton, T., "Natural Resources and Regional Development: An Assessment of Dependency and Comparative Advantage Paradigms", *Economic Geography*, 2003, 79(1), 67–94.

[②] 这里采用黑格尔和马克思主义者的分类术语,未经人类改造的自然称为"第一自然",经过人类改造的自然称为"第二自然"。

[③] Cronon, W., Nature's Metropolis: Chicago and the Great West. New York: W.W.Norton, 1991.

[④] Ellison, G. and E. L. Glaeser, "Geographic Concentration in U. S. Manufacturing Industries: A Dartboard Approach", *Journal of Political Economy*, 1997, 105(5), 889–927.

[⑤] Kyriakopoulou, E. and A. Xepapadeas, "Environmental policy, first nature advantage and the emergence of economic clusters", *Regional Science and Urban Economics*, 2013, 43(1), 101–116.

[⑥] Ginsburg, N., "Natural Resources and Economic Development", *Annals of the Association of American Geographers*, 1957, 47(3), 197–212.

第一节 自然资源优势理论

自然资源是人类赖以生存的基础，同时也是地区经济发展的重要条件。在人类社会发展的最初阶段，自然资源甚至于对区域经济发展起着决定性的作用。如果我们稍加留意，不难发现热带、温带和寒带农作物存在天壤之别，不难发现不同地区产业结构存在千差万别，不难发现几乎每个城市都有自己的"母亲河"。毋庸置疑，自然资源是区域经济研究的起点，自然资源优势也是最基本的区位优势。

所谓自然资源优势，是指区位初始具有更为丰富的自然资源禀赋，进而在开展经济活动时更加具有优势。自然资源优势是传统经济地理学研究的重点，按照自然资源的种类来分，自然资源优势包括土地资源优势、矿产资源优势、气候资源优势、水资源优势、生物资源优势等。

一、土地资源优势

土地资源是人类生产活动中最为基础的要素，对经济活动的空间分布有着重要意义。在传统的农耕社会，土地是农业生产的重要生产资料；在现代工业社会，土地依然是城市房地产建设的重要生产资料。关于土地的经济价值，经济学家们很早以前就已经认识到。比如，1662年威廉·配第在《赋税论》中提出"土地是财富之母"，足以体现出土地的重要价值。

土地是地球表面一个特定地域的自然综合体，包括地质、地貌、土壤、水文、大气、植被以及过去和现在人类活动的结果。土地具有自然和经济双重属性，其特征包括有限性、固定性、可塑性和广泛性。[1] 土地资源强调土地作为一种自然资源所具有的资源利用价值，包括草地资源、林地资源、宜农土地资源、旅游用地和交通用地等。[2] 相对土地资源的自然属性，经济学中更加关注土地资源的经济属性。"整个经济生活，因土壤而兴，因土壤而衰"。[3] 土地资源的经济属性与自然属性相对应，是指"在自然力的基础上，土地被人类社会作为生产资料进行开发、利用、改造并取得收益的经济活动过程中表现出来的新特点、新性能"，表现在"土地经济供给的稀缺性、土地报酬递减趋势、土地利用适应物价变动的缓慢性，以及土地的两重性"[4]。

土地资源优势会促进区位优势形成，从而导致经济活动在空间上形成分异。传统经济地理学中谈及土地资源的优势，主要包括土壤的肥力优势和地形地貌方面的优势。在《孤立国同农业和国民经济的关系》一书中，冯·杜能开篇分析了谷物价格、土地肥力和征税对农业发展的影响。在农业经济时代，土壤的肥力对农业生产是至

---

[1] 席守诚,曹光卓,等.中国地理环境与自然资源.北京:中国科学技术出版社,1992。
[2] 中国大百科全书.第三版.北京:中国大百科全书出版社,2021。
[3] Schmidt.经济地理学原理.许逸超,译.北京:商务印书馆,1947。
[4] 封吉昌.国土资源实用词典.北京:中国地质大学出版社,2011。

关重要的,从而影响着农耕时代人口和经济活动的空间分布。地形地貌对农业生产同样重要,比如平原地区更加易于发展机耕和灌溉,有利于大面积地布局农作物。[1] 相比较而言,地形地貌对人类经济活动的影响范围要远超过土壤的肥力。山地比平地运输难度高,从而影响着货物的运输和人口的流动。在工业的布局中,山地在修建厂房、用水、排污以及货物运输方面的成本相对平地更高,从而具有经济效益不足的特征。同样,在居住的布局中,山地具有建筑成本高和通勤困难的特征,从而具有不经济的特征。而崎岖的地形也会增加交通基础设施建设的成本,影响着要素和商品的空间流动,从而具有经济效率低下的特征。

二、矿产资源优势

矿产资源是工业经济时代最为重要的生产要素,影响着工业在空间上的分布。如同农耕时代的土地资源对经济发展所产生的影响一样,工业经济时代的矿产资源同样对经济发展产生着深远的影响。甚至于,一些资源型城市的发展和发达国家的经济起飞,完全依赖于矿产资源的开发和利用。[2]

矿产资源是指由地质作用形成的,具有利用价值的,呈固态、液态、气态的自然资源。按照矿产资源的属性和用途,矿产资源可以分为能源矿产、金属矿产、非金属矿产和水气矿产。[3] 矿产资源具有不可再生性和可耗竭性、动态性和不均匀性以及隐蔽性和复杂性。[4] 相对矿产资源的总储量而言,经济学中更加关注矿产资源的开发和利用。由于矿产资源具有不可再生性和可耗竭性,因而如何更加合理地利用矿产资源成为经济学研究的重要议题。矿产资源只有富集到一定程度,才具有开发的价值。至于是否要进行开发利用,则还需要考虑开采是否经济的问题。随着经济社会的发展,人类对矿产资源的开发利用在品种和数量等方面都发生了巨大的变化。比如,早期人类注重金银等贵金属的开采利用,铁器时代人类注重铁的开采利用,现代工业时期人类更加关注煤炭、石油等能源矿物和一些稀有金属以及非金属矿物质的开采利用。

矿产资源在空间上的分布极度不均衡,因而对经济活动区位的影响更加直接。矿产资源与土地资源的分布完全不同,属于典型的点资源分布,具有分散的特征。[5] 比如,已经探明储量的铁矿有一半分布在辽宁、河北和四川等省份,钾盐则集中分布在青海的察尔汗盐湖等地。[6] 由于矿产资源在空间分布上具有非均衡性,那些拥有丰富矿产资源的地区更加容易发展相应的产业,从而形成矿产资源地区优势。1955

---

[1] 华东师范大学,等.经济地理学导论.上海:华东师范大学出版社,1982。
[2] Wright, G., "The Origins of American Industrial Success, 1879 – 1940", *The American Economic Review*, 1990, 80(4), 651 – 668.
[3] 中华人民共和国矿产资源法实施细则(国务院令152号)。
[4] 中国大百科全书.第三版.北京:中国大百科全书出版社,2021。
[5] Auty, R. M. 1993. Sustaining Development in Mineral Economies: The Resource Curse Thesis. Routledge, London.
[6] 席守诚,曹光卓,等.中国地理环境与自然资源.北京:中国科学技术出版社,1992。

年,新中国成立以来发现的第一个整装大油田——克拉玛依油田。依托新发现的油田,克拉玛依这座城市在1958年正式成立。凭借着石油资源的优势,克拉玛依大力发展了石油化工产业,人均GDP长期处于全国城市前列。尽管一些研究发现"资源诅咒"现象的存在,但是拥有矿产资源优势的地区在相关产业的发展上的确更具优势,这也是不争的事实。对于那些运输成本高、生产投入比重高的矿产资源,相关的行业优势尤为明显。凭借着最初的矿产资源先天优势,一些地区在其他行业也崭露头角,带来了区域经济的分异。

三、气候资源优势

气候资源是人类生产生活中所必需的自然资源,影响着经济活动空间的分布。气候资源对经济活动的影响不仅局限于经济活动本身,同时还会对经济活动中的人产生直接的影响,进而影响着经济活动在空间的分布。人类的经济活动又会影响着气候变化,进一步地影响着经济活动的可持续发展。

气候资源是指光能、热量、降水、风能及可开发利用的大气成分,在一定的技术和经济条件下为人类提供物质和能量。和其他自然资源相比较,气候资源具有普遍存在性、适量特征、开发中的风险性、可再生性、变化性、聚集性和易受人类影响等特征。[①] 气候资源是地球生命赖以形成、存在和发展的基本条件,是人类生产和发展工农业生产的物质和能源,也是人类生产、生活不可缺少的气象要素的综合表现。气候资源虽然在全球人类生产的地方普遍存在,但由于大气环流、纬度、高度、地貌、海陆分布等地理与气候因素的影响,不同区域的光、温、水、气资源及其组合在地理分布和结构上存在差异,既体现为水平分布的多样性,又体现为垂直分布的多样性。[②] 气候资源包括太阳辐射、热量、降水、空气及其运动等要素,对植物、土壤、水文状况等地理要素的空间分布及时间变化有显著的影响。由于气候资源对经济发展尤其是农业生产的影响较为明显,因而有着气候资源优势的地区更加容易成为经济发展的重镇。[③] 比如,中国古代的经济中心地在黄河、长江中下游一带,世界文明发祥地也均在光、热充足和水、土(草地)条件俱佳的中纬度地带。[④]

气候资源在空间上具有较大的差异,进而导致不同区域在经济发展上形成差异。比较典型的是,全球主要发达国家和地区集中在温带地区,而中国的主要发达地区集中在秦岭淮河以南的南方地区。气候资源对经济活动的影响是多方面的,包括农业、工业和交通运输业等。不同地区的气候条件差异较大,因而在农业种植物的种类以及产量方面也会产生较大的差异,从而导致地区的差异出现。同样,由于一些地区的气候条件在一些时期并不适合户外生产活动,导致这些地区部分相关的生产活动需要暂时停止。比如,北方在冬季很难开展户外的工业活动。此外,不同地区面临的不

[①] 温克刚,阮水根,周天军.气象与可持续发展.北京:中国科学技术出版社,1999。
[②] 中国大百科全书.第三版.北京:中国大百科全书出版社,2021。
[③] 拉鲁斯百科全书编辑委员会,译.拉鲁斯百科全书.第6卷.北京:华夏出版社,2004。
[④] 封吉昌.国土资源实用词典.北京:中国地质大学出版社,2011。

同气候条件对地区的交通运输业也会产生影响,从而导致整个经济活动无法正常运转。比如,风雨雷电天气导致海陆空运输受阻等。气候在时空上是复杂多变的,既会带来地区的繁荣富饶,也会带来极端自然灾害。那些受气候条件正面影响较大和负面影响较小的地区,更加容易发展相应的产业,从而形成气候资源的优势。

四、水资源优势

水资源是人类生产和生活的基础,影响着人类的整个经济活动。没有水资源,人类的基本生存都存在问题,更不要说去开展生产活动。千百年来,在人类与自然界的斗争中,取得和控制利用水资源一直占有极重要的地位。[1] 水资源不但影响生活,而且影响生产力。工农业生产离不开水,交通运输也离不开水。[2] 水资源的空间分布,直接影响着经济活动在空间上的分布。

水是自然资源,又是重要的环境因素,因此水资源的完整概念目前还有争议。水资源在地球表面和地壳上部因地形、地质关系,以海洋、河流、湖泊、地下水等不同形式出现,它们之间相互联系,并按照一定的规律相互转化和调节。[3] 狭义的水资源是指在目前技术经济条件下,生态环境允许的,可以被人类开采利用的水,包含质和量两个方面。[4] 广义水资源是指能被人类控制,直接应用于灌溉、发电、给水、航运、养殖等方面的各种地表水和地下水,也应包括海水资源。[5] 水资源具有一些重要特征,包括以下几个方面:① 用途广泛且具有不可替代性;② 大量存在,取得容易,成本廉价;③ 自然流动,不宜远距离运输;④ 分布普遍,但不平衡。[6] 水资源是可更新的资源,但又不是取之不尽,用之不竭。[7] 作为一种动态资源,水资源具有时空分布不均和季节变化大的特点,使一些地区和国家严重缺水,甚至发生水荒,而另一些地区则遭受洪涝灾害的威胁。[8]

水资源在空间上的不均衡分布,导致经济活动在空间上的非均衡分布。水资源的特性,决定了其对农业、工业、交通运输业以及日常生活会产生影响。水资源丰富的地区,能够促进相关产业发展,从而促进地区经济的发展。最具有典型意义的是,水资源对地区农业经济的发展具有重要意义。比如,干旱地区只能种植一些耐旱的农作物,很难种植水稻这类对水资源需求较大的农作物。因此,地区的农业经济很难获得发展。同样,水资源对部分工业的影响也是比较显著的。比如,水资源短缺地区只能发展一些水资源消耗少的产业,很难发展冶炼、造纸等水资源消耗较大的产业。水资源对地区经济的发展不仅局限于对产业的直接影响,还包括对地区居民生活的

---

[1] 华东师范大学,等.经济地理学导论.北京:华东师范大学出版社,1982。
[2] 席守诚,曹光卓,等.中国地理环境与自然资源.北京:中国科学技术出版社,1992。
[3] 华东师范大学,等.经济地理学导论.北京:华东师范大学出版社,1982。
[4] 中国百科大辞典编委会.中国百科大辞典.北京:华夏出版社,1990。
[5] 封吉昌.国土资源实用词典.北京:中国地质大学出版社,2011。
[6] 华东师范大学,等.经济地理学导论.上海:华东师范大学出版社,1982。
[7] 席守诚,曹光卓,等.中国地理环境与自然资源.北京:中国科学技术出版社,1992。
[8] 中国百科大辞典编委会.中国百科大辞典.北京:华夏出版社,1990。

影响。从城市的发展来看,几乎所有的城市都是依河而建的,有着属于该城市的"母亲河"。其原因在于,这些河流能够为城市的发展提供生活用水、工农业用水以及便利的运输。水资源在空间和时间上的非均衡分布,促使人类采用各种方式去改变这一现状,从而影响经济活动在空间上的分布。比如,通过水库来改变水资源在时间上的分布,通过"南水北调工程"来改变水资源在空间上的分布,从而改变了地区水资源的优劣势。

五、生物资源优势

生物资源也是人类生存必不可少的自然资源,对经济活动的空间分布有着一定的影响。相比较而言,生物资源对人类的生活影响远超生产影响,因而生物资源对经济活动分布的影响更多的是间接影响。随着人类科技的发展,生物经济进入了新时代,生物资源对经济活动的影响正在被重新定义。

生物资源是自然资源的有机组成部分,是指生物圈中对人类具有一定经济价值的动物、植物、微生物有机体以及由它们所组成的生物群落。生物资源包括基因、物种以及生态系统三个层次,对人类具有一定的现实和潜在价值,它们是地球上生物多样性的物质体现。自然界中存在的生物种类繁多、形态各异、结构千差万别,分布极其广泛,对环境的适应能力强,如平原、丘陵、高山、高原、草原、荒漠、淡水、海洋等都有生物的分布。生物资源具有一些基本特征,包括再生性、可解体性、多样性、分布的区域性、未知性、获取的时间性、不可逆性、稳定性和变动性等。[①] 早期经济学对生物资源的关注,更多集中在生物资源对工农业、运输业等提供宝贵的原材料。随着生命科学的发展,现代生物技术正在向不同领域渗透。以生命科学和生物技术的研究与发展及应用为基础,利用可再生生物资源生产食品、饲料、健康医疗、能源、纤维以及其他工业产品和服务的经济活动的生物经济正在迅速发展。[②]

生物资源在空间上的非均匀分布,对经济活动在空间的分布产生一定的影响。从人类经济活动变化的过程来看,生物资源对经济活动的影响也在不断地变化着。早期的生物资源优势,决定了哪些地区最先成为人类生活和生产的集聚地,而这些集聚地也就成为一些地区最初的优势。随着家畜驯养的增加,人类获得了更多的生物资源用于生活和生产。比如,古人通过饲养家禽等为人类提供肉食,从而改变了人口在空间上的分布。而牛马等一些牲畜,可以作为生产工具用来耕作和运输,大大提高了农业的生产效率。进入工业化时代,生物资源被广泛用于发展农产品加工业以及相关的轻工业,从而影响着地区的工业经济发展。比如,江浙一带长期在纺织业上具有绝对的优势,这与江浙地区的桑蚕业等的发展有着直接的关联。伴随着人们生活水平的提高,人们对生活的环境有着更高的要求,生物资源的分布也影响着人口的空

---

① 中国科协,科普中国。https://www.kepuchina.cn/article/articleinfo? business_type=100&classify=1&ar_id=340108。

② Davis, S. 2001. Lessons from the future: Making sense of a blurred world. Oxford: Capstone Press.

间迁移以及旅游业的发展,从而影响着地区的经济发展。随着生物技术的发展,可再生生物资源的利用被提到了新的高度,生物资源的优势也将再次影响到区域经济的发展。

自然资源禀赋只是自然资源优势的必要条件,但不是充分条件。换句话说,自然资源禀赋能不能成为自然资源优势,从而影响到经济活动的空间分布是不定的。自然资源禀赋,实际上只是国民经济在某种程度上为满足国内消费需求以及在国际贸易中的地位所需要的自然资源的存量。一方面,自然资源的禀赋能不能转化成经济发展的动力并不确定;另一方面,自然资源的禀赋也可能带来过度依赖资源的"资源诅咒"。[①] 值得一提的是,从人类经济发展的历史来看,自然资源优势也是动态变化着。早期农业时期,可耕地、适宜的环境以及水资源是重要的自然资源。因此,经济活动主要集中在那些适合于农业经济发展的地区。到工业经济时期,矿产资源成为重要的自然资源。从而,经济活动重心发生转移,矿产采掘业及其相关的重化工业主要集中在矿产资源丰富的地区。进入服务经济时期,自然资源不再是直接进入生产过程。那些拥有适宜的气候、土地、海岸线和水资源的地区,成为吸引劳动力迁移的地区,进而影响着市场和生产区位。[②] 由于多数自然资源具有点分布的特征,因此如果从整个国家的经济活动的分布来看,资源禀赋起了很大的作用。[③]

第二节 地理位置优势理论

地理位置是经济活动的起点,同时也是影响地区经济发展的关键性因素。[④] 按照胡佛的分类,影响区位的因素包括不可转移(地域性)和可以转移的投入和产出。[⑤] 事实上,真正不可流动的投入(要素)也仅限于自然资源(如地形、气候等),经济活动中更多的是可流动的投入和产出。由于地理位置直接影响着投入要素和产成品的运输成本,因而地理位置在经济活动中的作用是极为重要的。

所谓地理位置优势,是指区位所处的地理位置具有更低的运输成本,进而在开展

---

① Gunton, T., "Natural Resources and Regional Development: An Assessment of Dependency and Comparative Advantage Paradigms", *Economic Geography*, 2003, 79(1), 67-94.

② Burns, L. S. and J. Friedmann, "Natural Resource Endowment and Regional Economic Growth", in Burns, L.S. and J. Friedmann, The Art of Planning: Selected Essays of Harvey S. Perloff, Boston, MA: Springer US, 1985, 166-185.

③ Burns, L. S. and J. Friedmann, "Natural Resource Endowment and Regional Economic Growth", in Burns, L.S. and J. Friedmann, The Art of Planning: Selected Essays of Harvey S. Perloff, Boston, MA: Springer US, 1985, 166-185.

④ 地理位置是地球上某一事物与其他事物的空间关系,同一时间内不同的物体无法占据相同的地理位置。地理位置可以分为数理地理位置、自然地理位置、经济地理位置和政治地理位置,本章涉及的地理位置侧重于自然地理位置优势和经济地理位置优势。

⑤ Hoove 在 *An introduction to regional economics* 一书中介绍区位影响因素时采用的标题是"Local Inputs and Outputs"(地域性的投入和产出)和"Transferable Inputs and Outputs"(可转移的投入和产出)。

经济活动时更加具有优势。地理位置的优势带来了运输成本的优势,进而影响着区位的优势。按照地理位置优势所带来的交通优势来源区分,地理位置优势可以分为内河区位优势、沿海区位优势以及节点通道优势。

一、内河区位优势

内河区位优势,主要表现在内河的运输优势上。内河运输是最为古老的运输方式,早在上古时期人类就已经开始使用水运的方式来运输物资。纵观国家或地区的发展历史,普遍经历过利用河流所形成的自然优势去开展航运的阶段,促进了要素和产品在空间上的流动。由于河流的地理分布在空间上极为不均衡,因此河流发达的地区在内河运输上具有绝对的区位优势。

内河运输是指利用船舶和其他浮运工具在国内江、河、湖泊、水库以及人工水道运送旅客和货物的运输方式,简称"河运"。[1] 在交通运输体系不发达的时代,内河运输发挥了重要的作用,中国历史上曾长期通过内陆河道或人工运河将粮食及其他贡物运至京师或其他指定地点。[2] 内河运输具有运量大、运费低、速度慢的特点,较为安全并能保持经常性和正规性等,因而最适合于石油、煤炭、矿石、钢材、粮食和原材料等大宗货物的运输。[3] 内河运输费用低廉的原因是多方面的,包括在一定的航速下运输货物所消耗的能量比较少、运输工具投资少、航道维持费少以及船舶包皮所占的比重较小等优势。[4] 随着公路、铁路、航空等运输方式的出现,内河运输的重要性逐步下降,但仍然不容忽视。即便是在1970年,美国和西德的内河运输货运量占比仍然达到了15.1%和27.3%,仅次于铁路运输,超过了公路运输和管道运输。[5]

内河运输利用河流和湖泊来通航,但天然的河流和湖泊的运输能力仍然是有限的。比如,中国地势西高东低,一些主要的河流(如长江、黄河、淮河)都是由西向东流。相比较而言,南北向的水运没有那么有利的天然条件。因此,从春秋时期便开始了开凿运河。比较具有代表性的运河包括胥河、灵渠、京杭大运河,其中以京杭大运河的影响最为显著。京杭大运河,南起余杭(今杭州)、北至涿郡(今北京),全长1 797千米,途经今浙江、江苏、山东、河北、天津和北京四省两市。京杭大运河贯通了钱塘江、长江、淮河、黄河、海河五大水系,构成了发达的水运网络,造就了杭州、苏州、扬州、淮安、济宁、聊城等城市的几度繁华。而随着清朝后期运河的废弃和铁路运输的兴起,扬州、淮安、济宁、聊城这些运河时期的明星城市也走向了衰落。

内河运输既是连接工业和农业的纽带,也是连接城市与农村的纽带。[6] 随着铁路运输、公路运输和港口运输的兴起,内河运输的优势逐步被这些新兴的运输方式所取

---

[1] 张燕,马宗武.港口经济辞典.北京:人民交通出版社,1993。
[2] 郑天挺,吴泽,杨志玖.中国历史大辞典(下卷).上海:上海辞书出版社,2000。
[3] 张文奎.人文地理学词典.西安:陕西人民出版社,1990。
[4] 同上引。
[5] 交通部科学技术情报研究所,《武汉造船》,1974年第1期第34-39页。
[6] 同上引。

代。毋庸置疑,内河运输在城市和工业经济的发展中曾经发挥过重要的作用。甚至于,在南京和武汉等城市的现代工业经济发展中,内河运输仍然具有重要的意义。内河运输的优势是降低了生产和运输的成本,从而促进了内河区位优势的形成。

二、沿海区位优势

沿海区位优势,主要表现在海陆运输、港口经济以及旅游等方面。濒临海洋的沿海地区,受海洋的影响,一般都是生态环境优美、适合人类居住、有利于发展经济的"精华地区"。[1] 随着海洋运输业的发展和全球经济化的推进,人类的经济活动不断地向沿海地区集聚,沿海地区的区位优势逐渐凸显。

沿海地区具有海陆联运的优势,从而能够以更低的运输成本促进地区经济的发展。海洋运输简称"海运",使用船舶及其他水运工具,通过海上航线运送货物和旅客的一种运输方式,包括远洋运输、近洋运输和沿海运输。[2] 多数沿海地区具有深水良港,从而能够成为连接生产地与消费地、原料地与生产地之间的桥梁。[3] 海洋运输的借助天然航道航行的优势是明显的,包括不受道路、轨道限制,运载量大、使用时间长、运输里程远,单位运输成本较低等。但海洋运输的缺点也是突出的,包括易受自然条件和气候的影响、速度较慢、航期不够准确等。由于海洋运输的独特优势,全球范围内90%的货物由海洋运输来承担。[4] 借助于航运运输的优势,沿海地区普遍发展港口临港产业,同时以港口为中心发展港口关联产业。

在地理上,沿海地区还具有更加接近于国际市场的优势。因此,外向型经济中,沿海地区的地理位置优势更加凸显。改革开放后,在资源有限的背景下,中国集中资源支持沿海地区率先发展,加速了沿海地区经济的起飞。沿海地区的优先发展战略并非一蹴而就,其战略体系中包括经济特区、沿海开放城市以及沿海经济开放区的建立。选择优先支持沿海地区发展,本质上是利用沿海地区地理位置优势,通过国际贸易和国际投资促进地区的经济发展。在国家一系列政策的支持下,沿海地区凭借着地理位置优势,将市场范围由国内市场扩张为国际国内两个市场,迅速提高了进出口贸易在国民经济中的比重,并且吸引了大量的外商直接投资流入。在此基础上,沿海地区吸引了大量的劳动力和资本流入,迅速增加了资本积累,推动了工业经济和服务业经济的快速发展。

沿海地区通常聚集着大量的人口,一方面是因为具有比较适宜的居住环境,另一方面则是因为沿海的经济发达。在封闭经济中,沿海地区处于边缘位置,区位上只有劣势,难以成为国家或者区域的经济重心。但是在开放经济中,沿海地区却成为连接国内外市场的重要窗口,因而地理位置也从劣势变成了优势。在全球化经济高速发展时,沿海区位优势被进一步放大,国家的经济重心也由内陆地区进一步向沿海地区

---

[1] 国家海洋局.中国海洋统计年鉴.北京:海洋出版社,1993。
[2] 张燕,马宗武.港口经济辞典.北京:人民交通出版社,1993。
[3] 中国大百科全书.第三版.北京:中国大百科全书出版社,2021。
[4] 同上引。

转移。

三、节点通道优势

节点和通道的优势,主要表现在流通环节及其衍生的服务业方面。节点和通道虽然是两个不同的概念,但都影响着交通运输,从而作为地理优势时的作用是类似的。作为连接不同区域生产和消费活动的地理空间,节点和通道地区易于发展工业以及交通物流业、住宿餐饮业等服务业,在区域发展中有着明显的区位优势,易于形成流通节点城市。

节点和通道由来已久,随着人类经济活动空间的延展而形成。当人类不再局限于自给自足时,交换活动便产生;当生产交换活动不再局限于本地范围时,能够更加接近于多个市场的集市节点便形成;当生产交换活动拓展到更远距离时,供人和马车等休整的驿站便出现。在交通技术不发达的年代,道路网和内河航道网的发展促进了人口在空间上的小范围集聚。这一时期,城镇的发展是相对孤立的,要素和商品在空间的流动是不足的。随着生产交易范围的扩大,那些具有自然交通区位优势的地区便脱颖而出。虽然我们现在无法看到当时的情形,但从中国古代的城镇多位于交通枢纽和驿站,也可从中略知一二。如果说有着自然资源优势的地区,能够吸引人们长期地居住生产,那么,有着节点和通道优势的地区,则能吸引人们短期地居住和生产。正是这个原因,节点和通道地区的商贸物流业和餐饮住宿业通常也更为发达。

由于路径依赖的存在,那些具有自然交通区位优势的地区不断吸引着人口的流入和生产、流动、交易活动,从而进一步强化了节点和通道的优势。比较具有代表性的是武汉市,素有"九省通衢"之称。武汉市地处中原地区,又拥有长江黄金水道,自然交通区位优势十分明显。民国时期,武汉成为中国近代著名的商埠都会。而在铁路运输时代和公路运输时代,武汉更是重要铁路和高速公路的交汇点,交通区位优势进一步加强。然而需要指出的是,由于交通运输技术的发展,水运的地位逐步下降,陆上运输的地位不断提高,自然交通区位的优势逐步削弱。不同于水运和海运,陆上运输受自然地理的影响相对较小。比较典型的包括两类:陆上运输规避了原来的节点以及陆上运输创造了新节点。前者如扬州,水运时代曾经依靠京杭大运河成为重要的经济中心。但在铁路时代,津浦铁路绕道扬州,曾经的繁华之城不再成为重要节点,自然也就逐渐没落了。后者如上海,虽然地处边缘地理位置,但陆上运输再次让上海成为重要节点。在宁杭高速铁路开通之前,从北京南下杭州,甚至都要绕道上海再到杭州。

节点和通道优势最初依据地理位置而形成,有着节点通道优势的地区发展也更为迅速。随着交通运输方式的变化,一些新的节点和通道出现,但依然与地理位置息息相关。节点和通道地区具有相对更为发达的交通体系,这点无论是在农业经济时代、工业经济时代还是服务业经济时代都是极为重要的。尽管随着运输技术的发展,运输成本在经济生活中的作用有所下降,但有着节点和通道优势的区位依然更加容易成为生产、交换和消费的中心。正因为如此,中国的国家级中心城市中半数以上的城市依然选择定位为全国综合交通枢纽,而所有的中心城市更是规划建为国际性综合交通枢纽,连接国内外的要素和产品市场,促进地区的经济发展。

地理位置对经济活动的影响,主要体现在投入和产出的运输成本方面。运输的目的无非是把人、货物、能量或信息,从一个地方输送到另外一个地方。[①] 要素和产品的空间流动,牵涉到运输重量、运输距离、运费率以及运输时间等因素。那么,什么样的地理位置会影响到运输的成本呢?虽然水运和海运的成本较低,但并非所有的地区都具备这种运输条件。由此,那些具备条件的地区也就形成了内河区位优势和沿海区位优势。同样,虽然节点通道地区通达性更好,但只有那些地处节点通道的地区才会有节点通道优势。无论是内河区位优势、沿海区位优势,还是节点通道优势,本质上都是自然地理位置带来的运输成本上的优势。需要指出的是,随着经济社会不断地发展,以及交通运输方式不断地革新,自然地理位置的优劣势是会发生改变的。比较典型的如安徽宣城泾县,地处偏僻的山区,但随着通行条件的改善以及汽车的盛行,正成为长三角重要的旅游地,自然地理位置也由原来的劣势变成优势。

本章小结

人类的经济活动,离不开"第一自然",也离不开"第二自然"。尽管第二自然决定了诸如芝加哥这样的大城市发展更快,但第一自然决定哪些城市更有可能率先形成;尽管第二自然解释了类似硅谷这样的产业集聚,但第一自然仍然解释了美国工业大约20%的产业集聚。自然地理作为人类经济活动的起点,在区域经济的发展中起着重要的作用。

自然资源是人类赖以生存的基础,同时也是地区经济发展的重要条件。在人类社会发展的最初阶段,自然资源甚至于起着决定性的作用。所谓自然资源优势,是指区位初始具有更为丰富的自然资源禀赋,进而在开展经济活动时更加具有优势。自然资源优势包括土地资源优势、矿产资源优势、气候资源优势、水资源优势、生物资源优势等,这些资源禀赋直接影响着地区相关产业的生产成本。

地理位置是经济活动的起点,同时也是影响地区经济发展的关键性因素。在社会经济发展中,地理位置起着加速器的作用。所谓地理位置优势,是指区位所处的地理位置具有更低的运输成本,进而在开展经济活动时更加具有成本优势。按照地理位置优势所带来的交通优势来源区分,地理位置区位优势可以分为内河优势、沿海优势以及节点通道优势,这些地理位置优势直接影响着地区相关产业的运输成本。

自然资源优势和地理位置优势,共同构成了区域经济发展中的自然区位优势。

---

① Hoover, E. M. and F. Giarratani, An introduction to regional economics. New York: Alfred A. Knopf, 1984.

拥有自然资源优势和地理位置优势的地区,更加容易获得最初的经济发展。一些地区依靠着最初自然区位优势的"锁定效应",在自我强化中不断获得发展。但不可否认,随着现代产业的发展以及运输技术的进步,自然区位优势在经济发展中的重要性正在逐步下降。换言之,自然区位优势是重要的,但并非是决定性的。对于那些没有自然区位优势的地区,经济的发展仍然是值得期待的。

第三章　区位选择理论

世界上没有两片完全相同的树叶,也没有地理条件完全一样的地区。毋庸置疑,自然优势对区域经济的发展有着一定的影响,尤其是在区域经济发展的起步阶段。但是,这种区域自然条件的差异显然不是影响区域经济发展的唯一因素,因为一些并不具备自然优势的地区同样也获得了发展。那么,区域经济发展的本源到底是什么呢?

区域经济的发展无外乎于生产,没有生产,区域经济的发展也就无从谈起。当然,如果只有生产而没有消费,区域经济的发展同样无法实现。所幸的是,生产和消费在空间上是可以分离的。因此,就单个地区而言,其经济发展的核心仍然在于生产。无论是具有自然区位优势的区域,还是不具备自然区位优势的区域,它们的发展都围绕生产展开。在简单的区域经济系统中,居民为厂商生产提供了投入要素和产品需求,厂商为居民提供了产品和就业机会,居民和厂商为政府提供了财税收入,而政府为厂商和居民提供了公共基础设施。因此,区域经济发展本源也就在于居民、厂商和政府这三类微观经济主体。正是微观经济主体的选择行为,导致特定的空间成为具有一定功能的区域。微观经济主体对特定空间的选择构成区位选择理论,成为理解区域乃至区域经济学的关键所在。为此,本章主要介绍微观主体的区位选择原则、古典(厂商)区位选择理论以及新古典(厂商)区位选择理论。

第一节　微观主体的区位选择原则

经济学中微观主体有着若干的经济行为,而区域经济学中更关注这些微观主体的区位选择行为。微观主体的区位选择,直接决定了地区的人口水平、经济水平以及基础设施水平等。那么,居民选择迁移地和居住地的区位选择原则是什么?厂商选址的区位选择原则是什么?政府建设公共基础设施的区位选择原则又是什么呢?本节对居民、厂商以及政府的区位选择原则进行介绍。

一、居民的区位选择原则

居民或者家户在经济系统中扮演着众多角色,比如为厂商生产提供劳动力和人力资本并获得报酬用于消费和投资。但在区域经济学中,居民的消费或者投资行为并非重点。相比较而言,居民如何选择特定的区位才是关键。比如,为何大量的劳动力选择从欠发达地区流向发达地区?为何有些居民选择居住在市中心,而另外一些居民则选择居住在郊区,其选择特定居住区位的原则是什么?

(一) 居民迁移行为

改革开放以来,中国出现了大量农民背井离乡去东部沿海城市工作,这其中的原因是什么的呢?经典的迁移理论指出,影响人口在空间流动的因素是多样的。其中,收入水平是影响人口空间流动最为直观的影响因素之一,包括迁出地和迁入地的收入水平、预期的收入水平,甚至于家庭的收入水平等。当然,除了收入因素外,还会有一些其他的因素会影响到劳动力的空间流动,比如城市的失业率、流动居住成本、流动距离、流动网络以及性别等。[①]

实际工资水平在不同地区之间的差异,仍然是劳动力选择迁移的最为主要的原因。从经济学的角度来说,作为理性人的居民一定以最大化其收益为目标。如果劳动力可以自由且无迁移成本地流动,那么当一个地区的实际工资水平高于其他地区时,则必然有大量的劳动力会迁移至该地区,直至所有地区劳动力的实际工资水平相等。在不失一般性的情况下,不妨假设:有两个地区,分别为地区1和地区2;每个地区都有资本和劳动力两种要素,并且资本在区与区之间不可以流动,但是劳动力可以自由流动且没有迁移成本;两地区企业生产使用相同的生产技术,并且生产相同的产品供本地消费者使用。假定地区1和地区2具有相同的资本数量,但地区1的劳动力供给量大于地区2。如果劳动力市场是完全竞争的,则可以发现居民的工资水平(w)与地区劳动力供给数量(L)是成反比的。由于地区1的劳动力数量更多,因此地区1的劳动力工资更低。只要$w_2-w_1>0$时,地区1的部分居民总会迁移至地区2,直至两地区消费者的工资水平相同。由此,可以确定居民的就业区位。

当然,除了工资水平之外,还有一些因素都会影响到居民的迁移,包括迁移成本、对乡土的眷念以及对未来的预期等。在存在迁移成本时,即使两地区存在工资差距,居民也可能选择在原有的区位就业。只有在地区2与地区1的工资水平差距大于居民的迁移成本(c_m)时,即$w_2-w_1>c_m$时,居民才会选择迁移。否则,居民的实际收益将会降低。此外,不同的居民对乡土的眷念程度是不同的,有些居民不愿与亲人分离,可能偏好于居住在原来的地区,有些居民却愿意背井离乡以获得更高的收入。不同个体迁移所带来的额外成本是不同的,我们可以将之写成扰动项ε。这种情况下,居民只有在地区工资差距$w_2-w_1>c_m+\varepsilon$时才会选择迁移。如果进一步考虑预期和地区失业率等,则居民还需要考虑长期收益以及期望收益

[①] 颜银根,"流动人口受教育程度对跨地区流动决策的影响研究",《中国人口科学》,2020年第1期,第90-101页。

等问题。

实际工资水平是居民选择迁移与否的一个重要标准,但是如果居民可以消费多种产品,则在经济学的研究中会更多地使用间接效用函数的形式来表示居民的福利水平。居民的间接效用函数(V),通常受到产品的价格以及居民的收入水平影响。产品的价格(p)越高,居民的效用水平越低,即$\partial V/\partial p<0$;居民的收入水平(Y)越高,居民的间接效用水平越高,即$\partial V/\partial Y>0$。如果考虑个体的差异性,则可以将单个消费者的效用函数表达为:$V(p,Y)+\varepsilon$。居民是否迁移,取决于居民的间接效用水平是否得到提高。

(二)居住区位的选择

一旦居民选择工作地点(如某个城市、区域)之后,居民需要选择自己的住处所处区位。相比较而言,城市中心地区的房租相对更高,距离城市越远的住房价格越低。居民如果居住得离城市中心更近,则可以节约通勤费用和时间成本,消费也相对更为便利。当然,居民也需要为此支付高额的房租等。如果居民距离城市中心相对更远,则需要支付更高的通勤费用以及时间成本等,消费相对也不便利。但是,可以支付相对较低的房租。

如果代表性居民在区位i的房租为R_i、时间成本为ξ_i、通勤成本等其他成本为c_i,那么不同区位的居住支出水平为$R_i+\xi_i+c_i$。均衡时,居住在城市中心地区的居民和居住在城市郊区的居民支付的房租、通勤费用以及时间成本等的总和应该是相等的。那么,在剔除居民对市中心和郊区的环境、教育以及医疗等偏好因素后,为什么还会有些居民偏好于住在市中心或者郊区呢?其原因在于,不同居民的时间成本有着很大的差异。最终,那些时间成本较高的居民选择居住在距离城市中心较近的地区,时间成本相对较低的居民则会选择居住在距离城市中心较远的地区。

二、厂商的区位选择原则

影响厂商区位选择的因素有很多,比如自然因素、政治因素、社会因素,甚至于其他厂商的行为。胡佛和杰莱塔尼认为,一个区位的相对优劣,主要取决于本地的投入、本地的需求、可流动的投入以及外部的需求四类。[①] 对于不同类别的厂商,还有一些特殊的影响因素,因而厂商的区位决策并非易事。

关于厂商区位选择的研究,经历了不同的发展阶段。厂商区位选择所依据的原则,也是截然不同的。从已有的研究来看,厂商选择区位的原则主要有如下四类。

第一,厂商以成本最小化为依据选择区位。在古典的区位理论中,运输成本最小化是厂商区位选择的主要依据,以杜能的农业区位论以及韦伯的工业区位论为

---

① Hoover, E. M. and F. Giarratani, An introduction to regional economics. New York: Alfred A. Knopf, 1984.

代表。尽管在现在看来,这种观点略显滞后,但是这与当时的运输成本较高有着直接的关联。比如,煤在萨尔布鲁克当地的销售价为每吨9.50法郎,但在离萨尔布鲁克220千米的圣迪济耶的销售价为每吨51.50法郎,销售价的82%为运输成本。[①] 有研究表明,1800年至1910年,实际的运输价格(加权平均值)大约下降了95%。[②]

第二,厂商以利润最大化为依据选择区位。对于理性的企业而言,如果仅仅根据原料和产品运输成本的最小化是不够的,厂商选择区位时还需要对利润有所考虑。因此,在新古典区位理论中,厂商不再以运输成本最小化作为其考察区位的目标。进而,利润最大化成为厂商的目标,代表理论包括克里斯泰勒的中心地理论以及廖什的市场区位理论。

与运输成本最小化的原则不同,厂商不再是将市场简化为"点"来处理,而是视为"面"来处理。[③] 在中心地理论和市场区位论中,每个厂商的市场是以该厂商为中心的圆形。现实世界中,人口并非均匀地分布在各地,因此一些理论研究市场时也会将市场作为多个点来处理。比如,哈里斯在研究美国工业企业区位时,提出了市场潜能的概念。他指出市场潜能是由各个市场上的销售额(M)与该区位和各个点的距离(d)比值的加总而成。[④]

$$P_i = \sum_j (M/d_{ij}) \tag{3.1}$$

式中,i表示厂商的区位,j表示各个销售市场的区位。

这是一个标准的市场潜能定义,当然我们也可以定义为市场销售额与距离的n次方的比值。[⑤] P值越大,则进入各个市场越容易,从而以进入市场便利为标准的厂商就会选择该区域。需要指出的是,尽管市场潜能理论最初提出时并没有微观依据,但是克鲁格曼建立的新经济地理模型发现,该理论是成立的。[⑥]

以利润最大化为目标的厂商,选择区位时不仅需要考虑其自身的区位,还需要考虑其他厂商的区位。如果某区位已有厂商落户,那么新进入的厂商就需要考虑其进入后厂商之间的相互影响。这里并不需要抛弃利润最大化原则,只是需要分析厂商间策略性行为对最终利润的影响。

---

① Léon, P. La conquête de l'espace national. In Histoire économique et sociale de la France (ed. F. Braudel and E. Labrousse). volume III. Paris: Presses Universitaires de France, 1976, 241-73.

② Bairoch P. Victoires et déboires: histoire économique et sociale du monde du XVIe siècle à nos jours. Gallimard, 1997.

③ 在农业区位论中,冯·杜能将城市(中心点)作为市场区;在工业区位论中,韦伯也是将市场处理为特定的点。因此,在古典的区位理论中,市场始终是作为一个点来处理的。

④ Harris C D, "The Market as a Factor in the Localization of Industry in the United States", *Annals of the Association of American Geographers*, 1954, 44(4): 315-348.

⑤ Hoover E M, Giarratani F. An introduction to regional economics. 3rd ed. New York: Alfred A. Knopf, 1984.

⑥ Krugman P, "Increasing Returns and Economic Geography", *The Journal of Political Economy*, 1991, 99(3), 483-499.

第三,厂商以行为—效用最大化为依据选择区位。行为效用理论不同于传统的经济学理论,根据现有的情况来研究厂商的区位选择。与经济学中的"理性人"假设不同,行为区位理论通常会假定有限理性。该理论源于卡托纳以及西蒙对行为经济学的研究,经过沃尔伯特以及普雷德等人发展。[①] 行为区位理论认为企业区位决策能力存在差异,企业选择区位主要受之前所掌握的经验启示。比如,一些中小企业掌握信息的能力较弱,为了减少搜寻成本,它们在选择区位时往往依据其他企业经验,成为大企业的追随者。

第四,厂商以政治、制度以及技术等外生力量为依据选择区位。结构主义者认为,对厂商选择区位最好的理解应该从政治经济学的角度出发,代表人物包括迪肯、贝叶斯、克鲁默以及西冈等。[②] 不同于新古典区位理论和行为效用区位理论,结构主义区位理论更加强调组织结构、公司网络以及演化等对厂商区位的影响,更加偏向于从中观和宏观层面去阐述厂商区位选择。

值得一提的是,一些不可流动的要素会直接影响到企业的区位选择。当厂商生产中的特定要素无法采用其他的要素来代替时,这类生产只能选择在特定的区位。第一章中提到的自然资源优势,属于这种类型。如果厂商需要生产相关的产品,只能在特定的区位去实现。

三、公共基础设施对区位的选择

不仅微观经济主体居民和厂商需要对区位做出选择,政府同样需要对公共基础设施的区位做出选择。公共基础设施的建设对居民和厂商的区位会产生一定的影响,同时公共基础设施的区位也受居民和厂商的区位影响。公共基础设施类别较多,因此在区位选择上的原则也是多样的,包括费用最小化原则、福利最大化原则以及兼顾公平原则。

公共基础设施区位选择的理论出现得相对较晚,泰茨在1968年时对城市的公共基础设施区位进行了研究。[③] 他指出,以往关于公共基础设施区位的研究很少涉及。

---

① Katona G. Psychological analysis of economic behavior. McGraw-Hill, 1951.
Simon H A, "A behavioral model of rational choice", *The quarterly journal of economics*, 1955, 69(1), 99-118.
Wolpert J, "The Decision Process in Spatial Context", *Annals of the Association of American Geographers*, 1964, 54(4), 537-558.
Pred A, "Behaviour and location, foundations for a geographic and dynamic location theory", Part I. Lund: Dep. Geogr. R. Univ. Lund, 1967.

② Beyers W B, Krumme G, "Multiple products, residuals and location theory", *Spatial Perspectives on Industrial Organization and Decision-Making*, Wiley, London. 1974, 100.
Dicken P, "A note on location theory and the large business enterprise", *Area*, 1977, 138-143.
Nishioka H, Krumme G, "Location conditions, factors and decisions: an evaluation of selected location surveys", *Land Economics*, 1973, 195-205.
Krumme G, "Flexibility views in industrial location and location decision theory", *Industrial Location and Regional Systems*, 1981, 107-121.

③ Teitz M B, "Toward a theory of urban public facility location", *Papers in Regional Science*, 1968, 21(1), 35-51.

比如,艾萨德在研究城市规模经济时,只是将公共基础设施作为影响的工具,并没有提到区位。也会有一些理论涉及城市公共基础设施的区位,但是一些重要的区位问题被忽略了,比如蒂布特关于地方支出的理论。[①] 关于公共基础设施没有合适的理论,泰茨认为这与公共基础设施主要由地方政府和城市规划做决定是息息相关的。泰茨提出了城市公共基础设施选择理论中值得探索的一些问题:一是,公共场所区位选择和传统场所区位选择标准的区别,前者强调混合市场或非市场环境中的以福利增加为标准的公共决策和政府预算,后者强调效用或利润最大化;二是,公共场所区位选择和传统场所区位选择效率的问题,前者强调预算约束下的效率,后者强调通过消费者和厂商集中决策。泰茨对城市公共基础设施区位的研究,不仅分析了静态的公共设施区位,同时还分析了城市规模扩大引起的公共设施区位的动态化。类似的,利娅从社会福利效应的角度对公共基础设施的区位进行了分析。[②] 需要强调的是,公共基础设施的区位选择不仅需要考虑费用最小化或福利最大化的原则,同时需要兼顾公平的原则。西蒙斯认为,政府所能容忍的最大不公平,应该根据克服空间的各种成本的总和来确定。[③]

第二节 古典区位理论

区域经济的发展离不开生产,因此厂商的区位选择也就成为区位选择理论研究的重点。正如上一节中介绍的那样,随着经济社会的发展,厂商区位选择的依据也发生了变化。按照厂商区位选择是否依据利润最大化的原则,厂商区位选择理论可以分为古典区位理论和新古典区位理论。本节重点介绍以运输成本最小化为依据的古典区位理论,包括杜能的农业区位论和韦伯的工业区位论。

一、杜能农业区位论

1802年,冯·杜能开始撰写一些有关农业形态的文章,探讨从农业生产地到消费地(城市)的运输成本问题。[④] 1810年,他买下了位于德国的梅克伦堡州泰特罗地区的特洛庄园,此后根据特洛庄园的运营做了大量的实验和计算工作。1826年,依据实践经验和理论研究结果,出版了著名的《孤立国同农业和国民经济的关系》(简称

[①] Tiebout, C. M., "A Pure Theory of Local Expenditures", *Journal of Political Economy*, 1956, 64(5), 416-424.
[②] Lea A C, "Welfare theory, public goods, and public facility location", *Geographical Analysis*, 1979, 11(3): 217-239.
[③] Symons Jr J G, "Some comments on equity and efficiency in public facility location models", *Antipode*, 1971, 3(1), 54-67.
[④] Passow R (1901) Die Methode der nationalökonomischen Forschungen Johann Heinrich vonThünens. Zeitschrift für die gesamte Staatswissenschaft 58,1-38.

《孤立国》)。[①]

《孤立国》一书出版时,尚处于工场手工业时期,农业经济占据着重要的地位,杜能对各种作物的区位进行了大量的数学计算,通过计算农作物在离城市中心不同距离时的收入以及支出确定农作物的纯收益,从而确定不同农作物生产的区位,并由此提出了著名的"杜能环"。尽管"杜能环"没有很强的理论依据,也没有严格的梳理模型,只是依据经验而形成,但"杜能环"对农业生产的布局具有重要的意义,是区位理论中重要的组成部分。

(一) 基本假设

杜能的农业区位论有着系列假设条件:① 假设城市孤立,离城市最远的荒郊与外界隔绝;② 城市位于平原地区的中心位置,没有通航河流;③ 平原肥沃均匀,各处都适合耕作;④ 城市食品完全依赖周边地区供给;⑤ 所需金属和食盐的矿山和盐场在城市中心附近。这些假设条件可以概括为:单一地区、唯一运输方式、均质土地。除此之外,杜能在推演过程中暗含"理性经济人"的假设,产品价格、劳动成本等没有价格波动,运费与运输距离成正比等。

(二) 模型分析

在《孤立国》中,杜能计算出不同区位农作物生产的收入和支出之间的差额,即"地租"。根据杜能的计算,可以将地租归纳为:

$$\underset{\text{地租租金}}{R} = \underset{\text{总收益}}{pq} - \underset{\text{总支出}}{(cq + \lambda dq)} \tag{3.2}$$

式中,R 表示某区位的地租租金,p 表示产品售价,q 为产品产量,d 为某区位至中心城市的距离,λ 为单位产品单位距离的运费率。

假定中心地区处于 O 点,x 轴表示运输距离,y 轴表示土地租金。在确保租金不小于零的情况下,可以得到某种作物生产的临界点。根据式(3.2),得到地租租金与运输距离的关系图(见图3-1)。

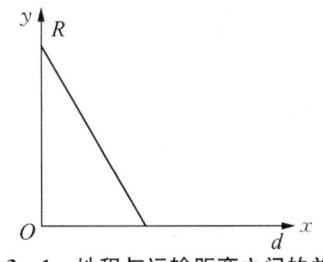

图3-1 地租与运输距离之间的关系

---

① Von Thünen, J. H., Der Isolierte Staat in Beziehung auf Landwirtschaft und Nationalökonomie. Hamburg: Perthes, 1826.

《孤立国》有着众多的版本,第一版为1826年版本,第二版为1950年版本,第三版为1875年版本。第一版也就是我们现在所述的《孤立国》第一卷,在1842年进行了修订。第二版本包括1842年进行修订的第一卷以及1850年出版的第二卷第一篇。第三版本于1875年出版,由Hermann Schumacher-Zarchlin根据前两版以及遗稿组成,在第二版本的基础上增加了第二卷第二篇和第三卷。第一卷主要介绍了谷物价格、土地肥力以和征税对农业影响,第二卷主要介绍了自然工资、利率与地租的关系,第三卷则讲述地租原理和其他相关问题。

如果存在两种作物,并且单位运输距离的运费率λ并不相等,两种作物的区位又应该如何选择呢?图3-2给出了地租、运输距离与作为区位选择的图形。我们假定作物1的运费率相对较高,那么在运输距离小于OB时,作物1的地租租金总是高于作物2;而在运输距离大于OB时,作物2所获得的地租租金总是高于作物1。这就表明,作物1的生产区位应该更加接近于中心地区,而作物2的生产区位应该远离中心地区。作物1生产的区域则为以O为原点,OB为半径所形成的圆;而作物2生产的区位则是以O为原点,OB为内径、OC为外径所形成的圆环。

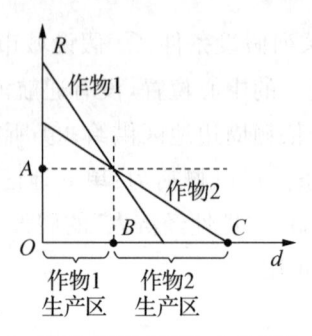

图3-2 地租、运输距离与作物区位的选择

杜能根据自己种植农产品的经验,通过大量的计算在《孤立国》中提出了"杜能环"。杜能环由内至外分为六圈,依次为自由农作区、林区、作物轮作区、谷草轮作区、三区轮作区以及畜牧区(见图3-3)。

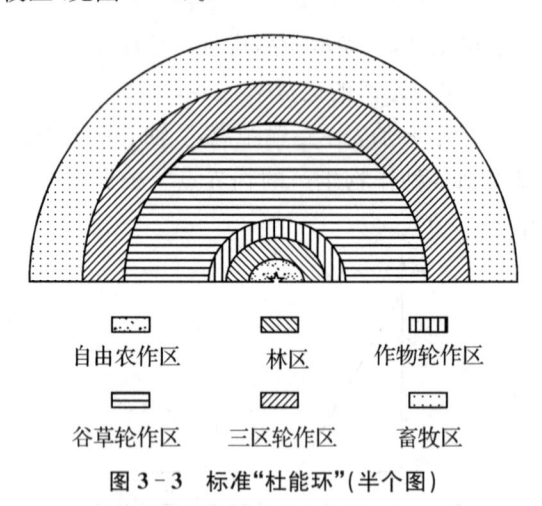

图3-3 标准"杜能环"(半个图)

(三)标准"杜能环"的拓展

杜能在《孤立国》中对一些特殊的情况也给予了考虑,包括如果存在运输专有通道如河流等、农产品在城市平均价格发生变化以及土地产量变化等对农产品生产区位的影响。

情形1:存在通航河流或者公路

杜能指出,如果存在通航河流或者公路,则生产区位如图3-4所示。从图中可以看到,圈层带不再是圆形,而是呈狭长型的带状向边境延伸。当然,并非所有的农作物最终都会在边境地生产,在该图中只有三至六圈层带才能到达边缘地区。在现实世界中可以看到,公路沿线地带通常会生产一些运输费率相对较高的产品;而在远离公路地带的地区,则会生产一些运输费率相对较低的产品。从图3-4中还可以发现,如果出现小城市,生产区位也会发生一些变化。

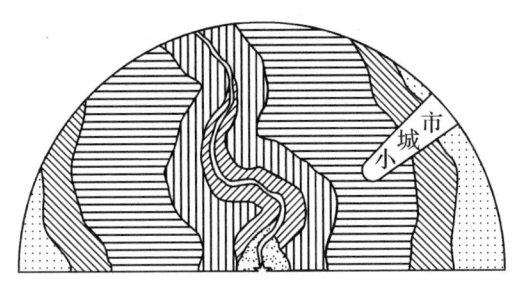

图3-4 存在通航河流时的农业区位

情形2:农产品价格变化和农产品产量变化

如果某种农作物的价格发生变化,则其种植面积也会发生现有的变化。根据式(3.2),如果农产品运输费率不发生变化,可以得到:$\partial R/\partial p > 0$,也就是说农产品价格上涨会导致生产该农产品的地区的租金提高,即作物1的地租曲线会向外平行移动至图3-5的虚线处,并与作物2的生产曲线相交。图中可以看出,作物1的生产区位扩大了,而作物2的生产区位缩小了。图3-5中BD区位原来为作物2的生产区位,但因作物1的价格水平提高了,变成了作物1的生产区位。类似地,如果农产品售价保持不变,但是农户需要支付更多的税收,即农产品的实际价格下降,则该农产品的生产将会减少。同样,如果农产品产量发生变化,该农产品的生产区位也会发生变化。根据式(3.2),可以得到$\partial R/\partial q = p - c - \lambda d$。只要租金$R > 0$,则该值总是大于零。关于农产品价格和产量变化对区位的影响,杜能做了一个渐变的图形。图3-6分为左图和右图,左图是价格从0.4塔勒渐变到1.5塔勒时农作物的生产区位,右图是产量从4斗渐变到10斗时农作物的生产区位。①

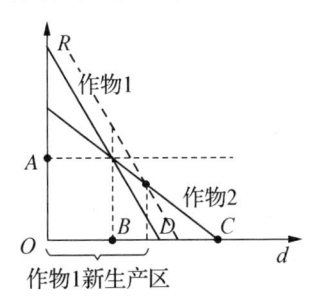

图3-5 农产品价格变化对生产区位的影响

---

① 塔勒,原文Thaler(也有作Taler或Talir),是德国和欧洲早期大量使用的一种货币计量单位。

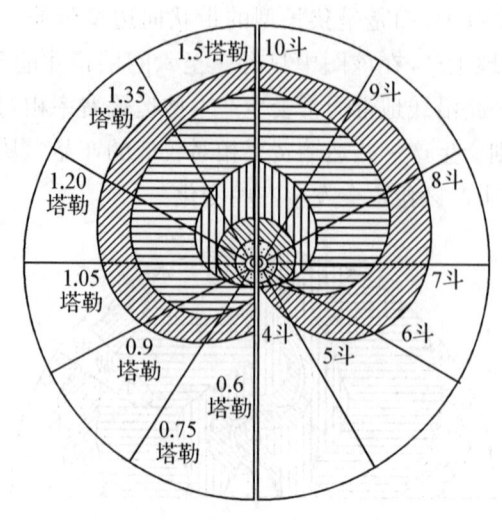

图 3-6 农产品价格和产量变化

杜能的农业区位理论中强调了"地租"决定生产区位,而"地租"又与市场距离密不可分。因此,市场距离对农业生产和土地利用有着直接的影响,这对后来城市经济学和农业经济学的发展具有重要的意义。在农业区位论中,杜能认为产品运输至市场的运输成本(或运输距离)决定了最优的农业用地。而 20 世纪 60 年代由阿隆索发展的城市经济学正是以该理论为基础,分析了最优的居住和商业区位。

二、韦伯工业区位论

1909 年,韦伯出版了《工业区位论》一书,对"区位因素"进行了详细的阐述。[1] 韦伯认为,区位因素就是成本优势,厂商将会据此来选择区位。区位因素可以分为一般因素和特殊因素,一般因素主要包括运输成本、劳动力成本以及聚集因素,特殊因素则包括与特定工业有关的因素(如原材料易腐性、空气湿度、对淡水的依赖等)。韦伯认为,工业区位选择的标准应该是运输成本最小化。由于韦伯的模型中生产采用里昂惕夫型生产函数,没有考虑到规模报酬和投入品间相互替代的问题,因而适用性有限。1958 年,摩西对韦伯工业区位论中投入品替代问题进行了放松,丰富了韦伯的工业区位论。[2]

(一) 基本假设

韦伯工业区位论包括如下几个方面的假设:① 只考虑单独一个工业地区,不考虑多个工业区或者其他产业区;② 假定不同区位气候、地形、政策、工人技术水平等相同;③ 假定原料产地、消费地等都是给定的,并且原料等都是可流动的要素且价格保持不变;④ 厂商仅生产一种产品,不存在规模报酬递增,生产中使用要素固定;

---

[1] Weber, A., Theory of the Location of Industries. Chicago: University of Chicago Press, 1909.
[2] Moses, L. N., "Location and the Theory of Production", The Quarterly Journal of Economics, 1958, 72(2), 259-272.

⑤ 劳动力不可以跨区域流动,并且工资水平不变;⑥ 运输采用火车运输,运费是运载重量和运输距离的单调递增函数。

(二) 模型分析

假定企业使用两种投入要素,要素 1 区位于 M_1 点、要素 2 区位于 M_2 点。生产中对要素 1 和要素 2 的需求量分别为 m_1 和 m_2 吨,两种要素的价格分别为 p_1 和 p_2。企业生产单一产品,产品在 M_3 点销售,并且售价为 p_3。要素 1、要素 2 以及产品的运费率分别为 t_1、t_2 和 t_3。不妨设定企业位于 K 点,并且至 M_1、M_2 以及 M_3 的距离分别为 d_1、d_2 以及 d_3,如图 3-7 所示。

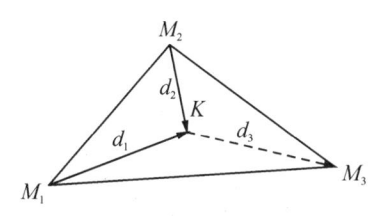

图 3-7 韦伯区位三角形

由于产品售价保持不变,那么作为理性人的厂商利润最大化实质上是产品运输成本最小化,从而决定厂商区位的依据变成了总运输成本最小化。因此,"韦伯最佳区位"应该是总运输成本最小的一点:

$$TC^* = \min \sum_{i=1}^{3} m_i t_i d_i \tag{3.3}$$

为了能够选择最优区位,韦伯采用伐里农架构①来确定最佳区位,如图 3-8 所示。框架中各个滑轮的位置即为投入要素和产品销售地区,滑轮下的重量代表单位距离的运输成本($m_i t_i$),绳子的节点即为企业区位。绳子的结点可能会在三角形内或三角形的某个点上,也就说"韦伯最佳区位"可以是三角形内部或者三角形上的点。

图 3-8 伐里农架构

---

① 伐里农架构(Varignon Frame),由法国著名的数学家、力学家皮埃尔·伐里农(Pierre Varignon,1654—1722)提出。

(三) 运输成本、工资差异与生产区位

如果考虑一些因素的变化,那么原来成本最小化的 K 点是否还是厂商的最优区位呢?回答这个问题首先需要回答,如果运输成本发生变化,厂商区位如何发生变化?在不考虑要素替代的情况下,如果某种要素或产品的运输成本降低,厂商将会选择距离这种要素或者产品更远的区位以降低总运输成本。其次,如果不同区位的劳动力价格存在差异,那么厂商又应该如何选择区位呢?在运费率给定的情况下,围绕 K 点做运费的等高线,如图 3-9 所示。如果在某条等高线上厂商劳动成本的节约额超过原来的等高线运输成本的增加额时,则厂商将选择该区位。否则,厂商的最优区位仍然是 K 点。

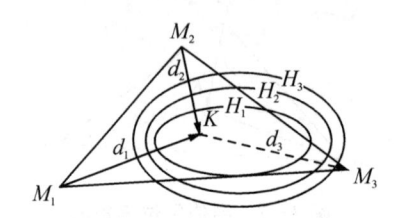

图 3-9 等高线与厂商区位选择的影响

从上面的分析中可以看出,运输成本最小化是决定厂商区位的部分因素,而不是全部。也正是因为这样,在韦伯的工业区位论中同时还强调了劳动力成本和聚集因素对厂商区位选择的影响。比如,某地区聚集大量的企业并对进入企业产生正向的外部性时,厂商不仅要考虑运输成本和劳动力成本,同时还要考虑外部性来决定最终的区位。同样,如果存在多个原料供应或者产品销售时,厂商的区位同样可能发生改变。当然,厂商是否会重新选择区位,仍然要依据其总成本是否得到节约的基本原则。

从各地运输成本不同出发,可以发现一个有趣的问题,即地区的工资差异问题。图 3-10 中给出了不同的运输成本等高线,如果在不同的等高线上的区位劳动力成本的节约,刚好弥补了厂商运输成本的增加,那么厂商选择各个区位也就是无差异的。换句话说,不同运输成本等高线上的工资水平可以存在一定的差异。由于 K 点的运输成本最低,因而厂商可以给出最高的工资。等高线 H_1 上的运输成本更高,因而厂商只愿意给出比 K 点低的工资。以此类推,距离 K 越远的等高线工资越低,从而不同地区的工资呈现出了差异。

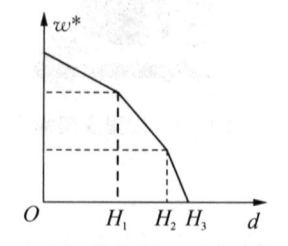

图 3-10 生产区位与工资差距

(四) 模型拓展:要素替代

在韦伯的工业区位论中对生产要素的使用有着严格的假定,即各种要素的使用量固定。在经济学中,这就要求厂商的生产使用里昂惕夫技术。如果尝试使用柯布-道格拉斯技术或者不变替代技术,厂商又应该如何选择区位呢? 1958年,摩西放松了韦伯的基本假设,讨论了要素替代时厂商区位的选择。

摩西在韦伯假设的基础上放松了要素不可替代的假设,并且假定产品销售距离保持不变。为了简化分析,可以在图 3-7 上做一条以 M_3 为原点、d_3 为半径的弧线,并与 M_1M_3 以及 M_2M_3 分别交于 I 和 J 点,如图 3-11 所示。这样产品的运输成本固定,研究可以聚焦到要素替代对区位选择的影响。对应地,得到要素 1 运至 K 区位的价格为 $(p_1+t_1d_2)$,要素 2 运至 K 区位的价格为 $(p_2+t_2d_2)$。可以发现,要素 1 与要素 2 的价格比 $(p_1+t_1d_2)/(p_2+t_2d_2)$ 在区位 I 最小,而在区位 J 最大。实际上,在 $\overparen{IKJ}$ 上任意一点的要素 1 和要素 2 的比值都是固定点,从而确定了等费用曲线的斜率。由此,可以画出区位 I 和区位 J 的等费用曲线,如图 3-12 所示。将弧线 $\overparen{IKJ}$ 上所有点的等费用曲线连接,则可以得到一条包络线,这条包络线即等费用线。

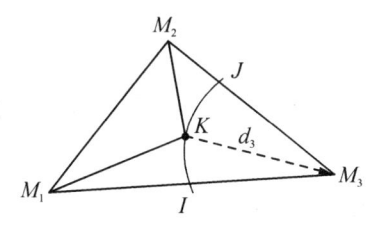

图 3-11 韦伯-摩西区位三角形

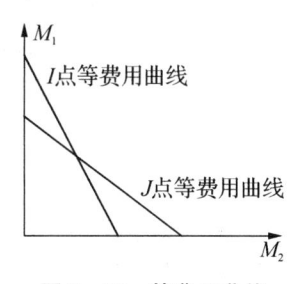

图 3-12 等费用曲线

对应地,等费用曲线的包络线以及等产量曲线的切点则为最优的生产区位 K^*,如图 3-13 所示。此外,如果将多个等费用曲线和等产量相切的点连接,则会得到一条随产出变化而选择不同区位的扩展线,这条扩展线就是产出—区位曲线。对应地,如图 3-14 所示,如果产出—区位曲线向下弯曲,则表明随着产出的增加,最佳生产区位逐步向 M_2 点靠近;如果产出—区位曲线向上弯曲,则表明随着产出的增加,最佳生产区位逐步向 M_1 靠近。

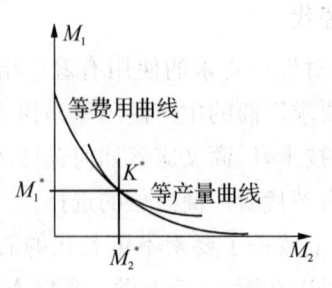

图 3‑13　最优生产区位

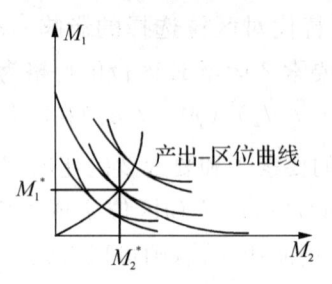

图 3‑14　产出—区位扩展曲线

第三节　新古典区位理论

古典区位理论和新古典区位理论同属区位理论,但是它们遵循的原则是不同的,从两个方面可以对其加以区分:一是,是否采用一般均衡分析;二是,是否以利润最大化为原则。古典区位理论普遍采用局部均衡分析,新古典区位理论始终采用一般均衡分析;古典区位理论普遍追求成本最小化,新古典区位理论则普遍追求利润最大化。比较典型的新古典区位理论包括霍特林空间竞争区位理论以及克里斯泰勒和廖什的中心地理论。

一、霍特林空间竞争理论

霍特林空间竞争模型是典型的区位竞争模型,但同一时期的经济学家们普遍将之看成是垄断竞争的模型。[①] 但必须强调的是,尽管产业组织理论对霍特林模型的拓展研究更广,但霍特林空间竞争模型首先是一个空间区位竞争的模型。在空间、区域和城市经济学的研究领域中,同样也有众多的拓展。比如,在研究土地空间竞用问题

---

① 关于这一点也是比较容易理解的,霍特林空间竞争模型中尝试距离的远近,可以视为产品异质性的程度。距离越远,产品的异质性越高,竞争越弱;距离越近,产品的异质性越低,竞争越强。当然,出现这种认识与当时的学科发展也有着直接的关联。20世纪30年代正值垄断竞争理论发展的时期,而在霍特林模型出现于50年代后,萨洛普发展出了环形空间竞争模型,进一步推动了产业组织理论的发展。

时,藤田和蒂斯将霍特林空间竞争模型与冯·杜能的农业区位论进行了很好的融合。[①] 霍特林空间竞争模型作为区位理论还有着特殊的意义,这一模型不同于以往的农业区位论和工业区位论,牵涉到多个企业区位选择的问题,强调空间给企业带来了垄断的力量。

(一) 基本假设

霍特林空间竞争模型的基本假设包括以下几个方面:① 有一条主街,长度为 l,消费者均匀分布在主街上;② 厂商 A 和厂商 B 距离主街末端的距离分别为 a 和 b;③ 消费者购买商品需要支付单位运输成本为 c,厂商产品售价为出厂价;④ 生产投入的要素运输成本不予考虑;⑤ 消费者对不同厂商的产品没有偏好,产品同质,购买商品的依据是支出最小化;⑥ 消费者的需求完全没有弹性,也就说消费者的消费量是固定的,不受价格的影响;⑦ 单位距离需要产品数量为单位产品;⑧ 厂商迁移没有成本。在不失一般性的情况下,假设初始状态如图 3-15 所示。

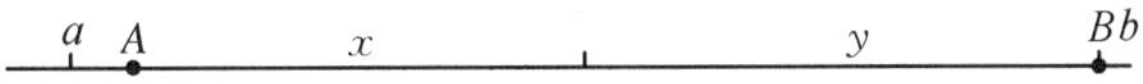

```
     a   A        x              y           B b
  ───•───•────────┼──────────────┼───────────•───•───
```

图 3-15 霍特林区位博弈

(二) 模型分析

假定厂商 A 生产的产品出厂价为 p_1,产量为 q_1;厂商 B 生产的产品出厂价为 p_2,产量为 q_2。当 $p_1 \leqslant p_2 - (l-a-b)c$ 时,厂商 A 可以占有整个市场。否则,厂商 A 无法获得厂商 B 所控制的市场,每个厂商只能控制部分范围。两厂商控制范围分割点处的消费者,从其中任何一个厂商那里购买商品是无差异的,所支付的成本是相同的。不失一般性的情况下,设定分割点至厂商 A 的距离为 x,至厂商 B 的距离为 y,则有始终有:$p_1 + cx = p_2 + cy$。考虑厂商控制整个主街,$a+b+x+y=l$,由此可以得到:

$$x = \frac{1}{2}\left(l-a-b+\frac{p_2-p_1}{c}\right), y = \frac{1}{2}\left(l-a-b+\frac{p_1-p_2}{c}\right) \quad (3.4)$$

从而,可以得到两厂商的利润函数:

$$\begin{cases} \pi_1 = p_1(a+x) = \frac{1}{2}(l+a-b)p_1 - \frac{(p_1)^2}{2c} + \frac{p_1 p_2}{2c} \\ \pi_2 = p_2(b+y) = \frac{1}{2}(l-a+b)p_2 - \frac{(p_2)^2}{2c} + \frac{p_1 p_2}{2c} \end{cases} \quad (3.5)$$

---

① Fujita, M. and J. Thisse, "Spatial Competition with a Land Market: Hotelling and Von Thunen Unified", *The Review of economic studies*, 1986, 53(5), 819–841.

厂商利润最大化,对式(3.5)上式和下式分别求 p_1、p_2 的导数并取零值,可以得到:

$$\begin{cases} p_1 = c\left(l + \dfrac{a-b}{3}\right) \\ p_2 = c\left(l - \dfrac{a-b}{3}\right) \end{cases}, \begin{cases} q_1 = \dfrac{1}{2}\left(l + \dfrac{a-b}{3}\right) \\ q_2 = \dfrac{1}{2}\left(l - \dfrac{a-b}{3}\right) \end{cases} \tag{3.6}$$

将式(3.6)代入式(3.5),则有:

$$\pi_1 = \frac{1}{2}c\left(l + \frac{a-b}{3}\right)^2, \pi_2 = \frac{1}{2}c\left(l - \frac{a-b}{3}\right)^2 \tag{3.7}$$

由式(3.7)可知,$\partial \pi_1/\partial a > 0$,$\partial \pi_2/\partial a < 0$,$\partial \pi_1/\partial b < 0$,$\partial \pi_2/\partial b > 0$。也就是说,距离 a 的增加导致厂商 A 的利润增加,但是导致厂商 B 的利润减少;同样,距离 b 的增加导致厂商 A 的利润减少,但是导致厂商 B 的利润增加。因此,厂商 A 和厂商 B 都有向对方靠拢的动机。

假定厂商 A 先确定了区位,那么厂商 B 一定会尽可能地向厂商 A 靠近,以获得更多的利润。其后,厂商 B 一旦确定区位,并且导致 $b + y > a + x$,则厂商 A 选择迁移至厂商 B 的右侧。而在厂商 A 迁移至 B 右侧之后,$b - y > a - x$,则厂商 B 选择迁移至厂商 A 的右侧。对于两个厂商而言,位置重合($x = y = 0$)或者在中心位置对称点($x = y$,$a = b$)都可以达到区位均衡。但是,这种区位均衡是不稳定的,双方都有迁移的动机。而根据上述的分析,当且仅当 $x = y = 0$ 以及 $a = b$ 时这种均衡才是稳定的。根据 $a + b + x + y = l$,可以得出唯一的均衡点:

$$(a^*, b^*) = (l/2, l/2) \tag{3.8}$$

也就是说,两个厂商最终选择同一个区位提供产品,该区位就是这条大街的中心位置。当然,对于空间区位的竞争,也可以采用帕兰德在 1935 年使用的等运费率的方法。在霍特林模型中假定消费者承担运输成本,实际上只要不考虑歧视性定价策略,那么厂商支付运输成本与消费者支付运输成本是等价的。对应地,不妨假设厂商支付运输成本,那么商品 i 出售价格为 $p_i + cx_i$。设定产品的出厂价相同且保持不变,单位产品的运费率相等,则可以通过区位博弈图来分析厂商区位选择的过程,如图 3-16 所示。假设厂商 A 最初的市场控制范围为 $(a + AC)$,厂商 B 最初控制的市场范围为 $(b + BC)$。此时,如果厂商 A 向厂商 B 区位靠近,向右平移至图中虚线,则厂商 A 控制的市场范围扩大了 CD,这部分刚好是厂商 B 所损失的部分。与此同时,厂商 B 同样有向区位 A 迁移的动力,重新夺回自己失去的市场。最终,两厂商向中心位置平移,并在大街的中心位置获得均衡,如图 3-17 所示。

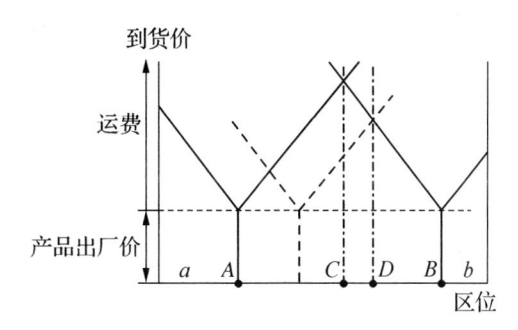

图 3-16 等运输成本的霍特林区位博弈图

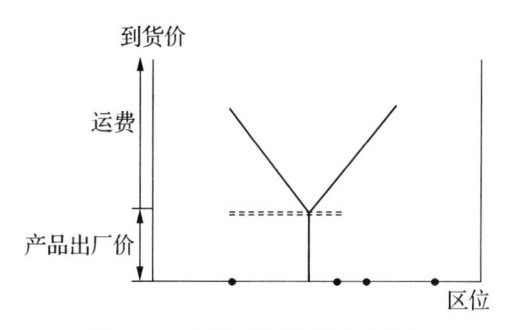

图 3-17 霍特林区位博弈均衡图

需要指出的是,1979 年达阿斯普勒蒙等人认为该文中的均衡实际上并不是双寡头垄断竞争的均衡。在厂商存在正利润时,如果厂商降低产品的售价将获得全部的消费者,那么厂商都有降价的动机。从而,最终均衡时每个厂商都获得零利润。但是,在霍特林模型中,厂商并没有就这种可能性加以考虑。

二、克里斯泰勒的中心地理论

1933 年,克里斯泰勒根据德国南部城镇空间分布的观察数据研究了城市体系的构成。他的研究中采用了归纳的研究方法,主要通过对慕尼黑、纽伦堡、斯图加特以及法兰克福等地的实践观察并将之加以归纳。①

(一) 基本假设

克里斯泰勒中心地理论的基本假设包括以下几个方面:① 假设要素均匀分布、所有方向均衡交通、人口消费均匀分布;② 消费者和厂商都是理性人,分别以效用最大化和利润最大化为目标;③ 商品存在不同的等级结构 $g=(1,2,\cdots,n)$,高级别的商品供应给更大的市场。②与商品对应的是不同等级的市场范围 $m=(1,2,\cdots,n)$ 以及不同级别的城市等级 $c=(1,2,\cdots,n)$,并且假定每种商品的等级与市场范围直接对

---

① Christaller, W., Central Places in Southern Germany. Jena: Fischer, 1933.
② 商品和城市都具有一定的等级,都是以一级为最高级。商品等级越高,其供应的市场范围越广。比如,中国大陆迪士尼乐园只有一处,其供应范围则包含全国,属于高级别的商品。同样,中国对城市等级的划分与城市等级划分类似,比如特大城市或者一线城市类似于一级,超大城市或者二线城市类似于二级,以此类推。

应,即如果商品等级 $g=2$ 则可以供应给市场等级 $m=2$ 的市场。此外,商品等级的范围级比为固定值 k。

(二) 模型分析

在这种假设下,克里斯泰勒试图构造一个能够使用最少供应点向所有地区提供商品的空间模式。按照克里斯泰勒的论断,如果产品供应范围(供应量)越大,则只有部分高等级的中心才有该商品供应。也就是说,与商品同等级的城市数量与商品的供给量呈负相关。图 3-18 中,实线六边形的中心和顶点为产品 1 的生产区位,虚线六边形中心和顶点为产品 2 的生产区位。从图中可以看出,O 点以及 A_1、B_1、C_1、D_1、E_1 和 F_1 既是产品 1 的生产区位也是产品 2 的生产区位,A_2、B_2、C_2、D_2、E_2 以及 F_2 只是产品 2 的生产区位。因此,O 点以及 A_1、B_1、C_1、D_1、E_1 和 F_1 点相对于 A_2、B_2、C_2、D_2、E_2 以及 F_2 是更高一级的城市。厂商根据产品的覆盖范围选择相对应的城市等级来选择生产区位,产品覆盖范围越大,厂商越应该于高等级的城市选择区位。

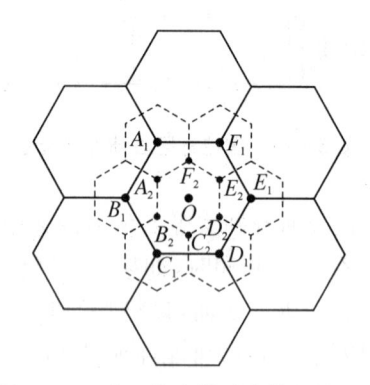

图 3-18 克里斯泰勒城市等级体系

三、廖什的市场区位论

廖什的市场区位论是克里斯泰勒的中心地理论,有时也被统称为"中心地理论",其原因在于两者在探讨的问题上具有极大的相似性。但是,廖什的市场区位论和克里斯泰勒的中心地理论又有着本质的区别,前者的研究前提是后者的假设,而后者的假设又是前者的前提。

(一) 基本假设

不同于克里斯泰勒的分析,廖什采用微观方法分析了市场空间的分布。廖什的假定基本与克里斯泰勒相似,但是并没有假设等级体系的存在。前面的章节中,韦伯模型假定了产品需求是无限弹性的,霍特林模型假定了产品需求是没有弹性的。而在廖什模型中,他假定产品是有弹性需求的,并且随着运输距离的增加产品的需求量将减少,即需求量是距离的单调递减函数。

(二) 模型分析

如果产品的出厂价为 p，单位距离的运输成本为 t，区位 i 至厂商的距离为 D_i，则我们可以得到单个区位对产品的需求量：$Q(i)=f(p+tD_i)$。根据 $Q_d=0$，我们可以得到临界距离 D_c。如果 $D_i>D_c$，该厂商不再给该区位的消费者提供产品。因此，可以得到以厂商为出发点的某条射线商品产品供给量为：

$$Q^s = \int_0^{D_c} Q(i)\mathrm{d}i \tag{3.9}$$

由于任意方向都是可运输的，因此厂商控制的范围实际上为以厂商为圆心，以 D_c 为半径的圆，从而厂商的产品供应总量为：

$$Q^S = \int_0^{2\pi} \int_0^{D_c} Q(i)\mathrm{d}i\mathrm{d}\theta \tag{3.10}$$

式(3.10)确定了产品的供应总量，厂商可以根据自身的产量来确定实际控制的距离 D_c。如果有多个厂商同时供应商品，那么相互之间就会存在空间竞争，厂商的控制范围也就发生变化。不同厂商控制的圆形市场相交形成公共弦，即为它们新的市场边界。对应地，厂商的销量也发生了变化。如果厂商周边有多个厂商，并且圆心至公共弦的距离为 ρ，如图 3-19 所示，那么厂商的销售额为：

$$Q = \int_0^{2\pi}\int_0^{D_c} Q(i)\mathrm{d}i\mathrm{d}\theta - \frac{180}{2\arccos(\rho/D_c)}\int_0^{\pi}\int_\rho^{D_c} f[p+t(D_c-D_i)]\mathrm{d}i\mathrm{d}\theta \tag{3.11}$$

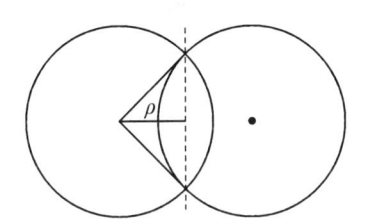

图 3-19 廖什市场结构的形成

最优化式(3.11)，可以得到最优距离 ρ^*，从而确定产品的市场等级。廖什证实，在线性运输成本的情况下，最优的市场结构是六边形的市场结构。在考虑策略性的行为时，所有的厂商都会选择最优的距离，所有的产品都会形成六边形的市场结构。考虑到不同类别的产品其市场辐射范围不同，以及聚集所产生的聚集效应，一些区位可以聚集大量生产不同产品的厂商。而根据不同地区厂商的数量，也就形成了不同等级的城市。

本章小结

自然资源空间分布的差异是影响区域差距的重要原因，但不是唯一的原因。纵观全球，既会发现迪拜这类依靠资源发展起来的城市，也会看到新加坡这类依靠市场发展起来的国家。因此，探讨区域发展的问题时，首先需要了解区位选择的问题。

本章首先介绍了微观经济主体的区位选择原则，包括居民的区位选择原则、厂商的区位选择原则以及公共基础设施的区位选择原则。居民迁移的原因包括收入水平、失业率以及预期收入等，但总体原则是迁移后的福利水平超出了迁移前的福利水平。居民在城市依据个人的收入、租金、时间成本以及通勤成本确定居住区位。厂商以成本最小化、利润最大化、行为—效用最大化以及政治、制度及技术等力量为依据选择区位，其中以利润最大化应用最为广泛。公共基础设施区位选择的原则，包括费用最小化原则、福利最大化原则以及兼顾公平原则。

区位理论中最丰富的研究是厂商区位理论，包括古典区位理论和新古典区位理论。新古典区位理论与古典区位理论的分界线有两个，一是是否采用一般均衡分析，二是是否以利润最大化为原则。古典区位理论普遍采用局部均衡分析，而新古典区位理论始终采用一般均衡分析；古典区位理论普遍追求成本最小化，而新古典区位理论普遍追求利润最大化。本章第二节重点介绍了冯·杜能农业区位论和韦伯工业区位论这两个典型的古典区位理论，第三节重点介绍了霍特林空间竞争区位理论、克里斯泰勒中心地理论和廖什的市场区位论。

从消费者到厂商，从厂商到政府，区位选择始终是关键性的问题。劳动力要不要在空间流动、厂商要不要在空间迁移、公共设施要不要迁址，这些问题从未离开过我们的视线。在掌握了区位选择的基本原则和基本理论后，下一篇将进入流动篇，侧重介绍要素在空间上的流动对区域经济发展的影响。

第二篇

流动篇

第二篇

前四論

第四章　劳动力区际流动理论

迁徙是人类的本能,数万年前人类就已经开始迁徙。穿过山川,跨过河流,越过海洋,在迁徙的道路上,人类从未停歇过。古代的背井离乡,或因环境恶劣,或因战争,或因生活所迫。而在现代文明和经济发展的今天,人类远离故土多半是对美好生活有着向往。

区域经济的发展,不能寄希望于自然资源禀赋的改变,但可以依赖于地区要素的变化。从农业到手工业,再到现代工商业,劳动力始终是生产过程中重要的投入要素。劳动力在空间上流动是容易的,也是不容易的。说容易,是因为劳动力不像土地这类不可流动要素,是可以流动的;而说不容易,是因为劳动力的流动是需要付出成本的,而且这种流动成本并不小。因此,在劳动力迁移前会根据各种因素做出是否迁移的决策。围绕这些因素,经济学中形成了引力模型、人力资本模型、预期收入、两部门模型(失业)、家庭决策模型、信息和网络、搜寻模型等迁移决策理论。受于篇幅限制和内容匹配的考虑,本书并不打算对这些模型展开全面介绍。考虑到乡城迁移和跨区迁移构成了迁移的绝大部分,本章重点介绍与此相关的迁移模型,包括刘易斯-费-拉尼斯模型、哈里斯-托达罗模型、引力模型以及克鲁格曼核心—边缘模型。

第一节　劳动力乡城迁移理论

国家或地区经济发展过程中,劳动力的乡城迁移是最重要的迁移。之所以说它是最重要的迁移,是因为在城市化的过程中这种迁移具有数量大和范围广的特征,对国家或地区的经济、社会、文化的发展有着深远的影响。同时,发展中国家普遍正在经历着城市化的过程,因而乡城迁移显得尤为重要。早期发展经济学家普遍认为乡城迁移能够提高劳动生产率,因而有利于发展城乡经济。但在20世纪70年代后,发展经济学家发现劳动力乡城迁移后也会带来失业现象,因而需要辩证地来看。为了更系统地了解劳动力乡城迁移理论,本节重点介绍刘易斯-费-拉尼斯模型和哈里斯-托达罗模型这两类不同的乡城迁移模型。

一、刘易斯-费-拉尼斯迁移模型

1954年,刘易斯在《劳动力无限供给下的经济发展》中首次系统地提出了劳动力乡城迁移模型。[①] 刘易斯认为,新古典经济学侧重分析劳动力的价格和收入分配是可以理解的,因为欧洲国家也的确存在劳动力短缺问题。但与此同时,亚洲大部分国家的劳动力供给是无限的,这些人口过剩的国家经济几乎没有实质性的进展。经济的扩张也并非理所当然,最大的问题不是储蓄的短缺,而是劳动力的过剩。而要解决这个问题,需要重新回到古典经济学对劳动力无限供给的假设中去。1961年,拉尼斯和费景汉进一步修正了该模型,形成了经典的刘易斯-费-拉尼斯模型。[②]

(一) 基本假设

刘易斯模型中最经典的假设,是劳动力的无限供给。刘易斯认为,封闭经济中劳动力市场上不会出现任何非熟练劳动力的短缺,但熟练的劳动力会出现短缺。但这并不重要,只要有资本来提供设施并培训技术人才,过剩也只是滞后出现而已。

劳动力的无限供给,是因为劳动力出现了过剩。所谓劳动力的过剩,是劳动力相对于资本和自然资源的过剩。从劳动力的相对过剩中可以得到一些隐含的假设: ① 经济系统中存在两个不同的部门,传统部门和现代部门,现代部门具有更高的生产率;[③] ② 传统部门存在大量的隐性失业,劳动边际生产率可以忽略不计、为零甚至于为负;[④] ③ 现代部门所在的城市生活成本高、心理补偿和工会的存在,转移劳动力获得了相对传统部门更高的工资,高于维持生计水平的工资。[⑤]

刘易斯还指出,现代部门无限劳动力的供给来源包括三个方面:一是,女性从家庭走向社会就业;二是,死亡率的降低带来的人口增长;三是,效率的提高带来的失业人群。随着经济的发展,旧产业无限制地被扩大和新产业不断地被创造增加了现代部门对劳动力的需求。现代部门的工资水平高于传统部门,劳动力会源源不断地从传统部门流向现代部门。由于传统部门的边际劳动生产率较低,因而传统部门在一定时期内总是存在剩余劳动力。现代部门可以按现行的工资水平不断地雇佣到所需劳动力,保持着劳动力/资本数量的比例不断扩大生产规模。从这个角度来看,现代部门的劳动力供给可以看作是无限的。改革开放后,中国的东南沿海地区源源不断地吸引了大量中西部地区的农村转移劳动力,在很长的一段时期内保持着低工资水平,与刘易斯模型所描述的情形极为相似。

[①] Lewis, W. A., "Economic Development with Unlimited Supplies of Labour", *The Manchester School*, 1954, 22(2), 139-191.

[②] 本书为区域经济学教材,因此在编写本章内容时侧重于经典理论中的劳动力迁移问题。

[③] Lewis(1954)的文章中提到的两部门是"Subsistence Sector"(生计部门)和"Capitalist Sector"(资本部门)。但后续的关于刘易斯"二元经济理论"的阐述中,逐步衍生为农村传统部门和城市现代部门。Lewis(1979)的文章中就使用了"传统部门"和"现代部门"的概念。而在拉尼斯和费景汉的模型中,使用农业部门和工业部门与此对应。本书中的刘易斯-费-拉尼斯模型与刘易斯保持一致,使用传统部门和现代部门。

[④] 农村的土地数量有限,当传统部门过多的人口集中在有限的土地上耕作时,劳动的边际生产率可以忽略不计、为零甚至为负。在发展中国家,隐性失业是普遍存在的。不仅如此,城市出现的各种临时工也是隐性失业的一种体现。

[⑤] Lewis(1979)中指出,为了避免引起情感上的不适,不使用剩余劳动力。该文章使用非技能劳动力,本书中结合中国国情称为转移劳动力。刘易斯指出,现代部门集中在城镇,工资水平实际上高出了最低生活标准。

(二) 模型分析

刘易斯模型的出发点是劳动边际产出存在递减规律，随着劳动力数量的增加，单位劳动力的边际产出开始下降。为了便于分析，刘易斯首先给出了资本数量固定下的劳动力数量与边际产出的关系图，如图 4-1 所示。

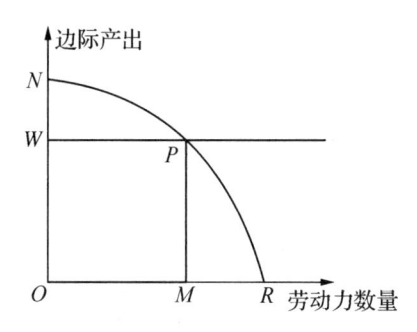

图 4-1 资本数量固定下的劳动力数量与边际产出

图片来源：Lewis(1954)。

图中横轴为劳动力数量，纵轴为劳动边际产出。在资本数量给定的情况下，现代部门现行的工资水平为 OW，雇佣的劳动力数量为 OM。如果传统部门的边际产出为零，那么 MR 部分的劳动力在传统部门就业。现代部门支付给转移劳动力的工资总额为 $OWPM$，因此剩余为 WNP。很显然，传统部门的工资水平要低于现代部门，因而只要现代部门能够提供更多的就业，劳动力就会不断地从传统部门流向现代部门。那么，现代部门是否可以用低于 OW 的工资水平去雇佣传统的劳动力呢？对此，答案是否定的。虽然现代部门给出的工资水平 OW 高于维持生计的工资水平 OS（见图 4-2），但是这种差距也只是对城市高生活成本、迁移产生的心理成本、工会组织压力甚至吸引劳动力的一种补偿而已，刘易斯认为大概在 30%。

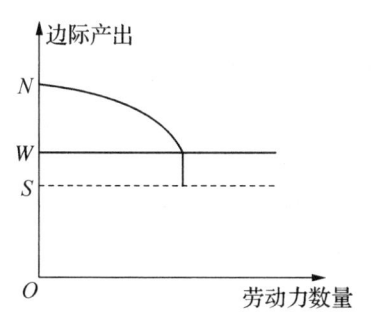

图 4-2 资本数量固定下的现代部门工资与维持生计水平的工资

图片来源：Lewis(1954)。

从图 4-1 中可以看出，在资本数量给定下现代部门的剩余为 WNP，那么这部分剩余用到什么地方呢？答案很显然，剩余形成了资本的积累，用于现代部门的扩大再生产。随着现代部门的不断扩大，传统部门的劳动力持续地被吸引进入现代部门工作,如图4-3所示。最初剩余为 WN_1P_1,雇佣劳动力数量为 L_1;将 WN_1P_1 中的部分或全部用于扩大再生产后,剩余变成了 WN_2P_2,雇佣劳动力数量为 L_2;继续将 WN_2P_2 中的部分或全部用于扩大再生产后,剩余变成了 WN_3P_3,雇佣劳动力数量为 L_3。如此循环往复,直至所有的剩余劳动力都从传统部门转移到现代部门。

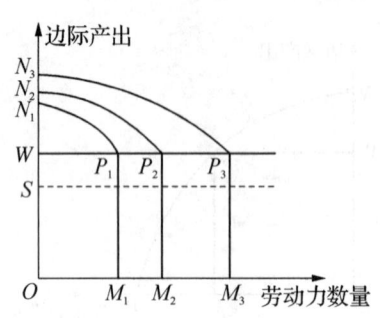

图4-3 劳动力无限供给下的现代部门扩大再生产

图片来源:Lewis(1954)。

(三) 模型拓展:传统部门的引入

刘易斯模型提出了无限劳动力的供给,较好地解释了劳动力的乡城迁移过程。无限的劳动力供给维持了低工资水平,资本剩余带来了现代部门的扩大再生产,现代部门的扩大再生产不断吸引着劳动力持续地进行乡城迁移。但刘易斯模型也有假设是不足的,比如假定劳动力是无限供给、传统部门没有发展、现代部门可以一直创造就业机会等。事实上,刘易斯模型更侧重的是剩余劳动力消失前的过程,刘易斯本人也是承认劳动力无限供给被打破只是时间的问题。为此,拉尼斯和费景汉在刘易斯模型的基础上,进一步地拓展了剩余劳动力消失后的传统部门发展的劳动力流动模型。[①] 由于两个模型一脉相承,因此也称之为刘易斯-费-拉尼斯模型。

情形1:传统部门存在隐性失业

拉尼斯-费景汉模型中继承了刘易斯模型的无限劳动力供给和现代部门的扩大再生产的思想,但在剩余劳动力消失后劳动力的供给曲线发生了变化,传统部门也出现了发展。[②] 图4-4(a)与刘易斯模型相似,横轴为现代部门的劳动力数量,纵轴为劳动边际产出。所不同的是,由于劳动力不再是无限供给,现代部门不能始终保持以固定工资水平吸引剩余劳动力转移。换句话说,劳动力的供给曲线不再是水平的。图4-4(b)和图4-4(c)的横轴都是传统部门劳动力数量(由右往左看),图4-4(b)纵轴为劳动平均产出,图4-4(c)纵轴为总产出。[③]

[①] Ranis, G. and J. C. H. Fei, "A Theory of Economic Development", *The American Economic Review*, 1961, 51(4), 533-565.
[②] 拉尼斯-费景汉模型中使用了农业部门和工业部门,为与刘易斯模型保持一致,这里用传统部门代表农业部门,用现代部门代表工业部门。
[③] 现代部门的劳动力增加,意味着传统部门的劳动力减少。

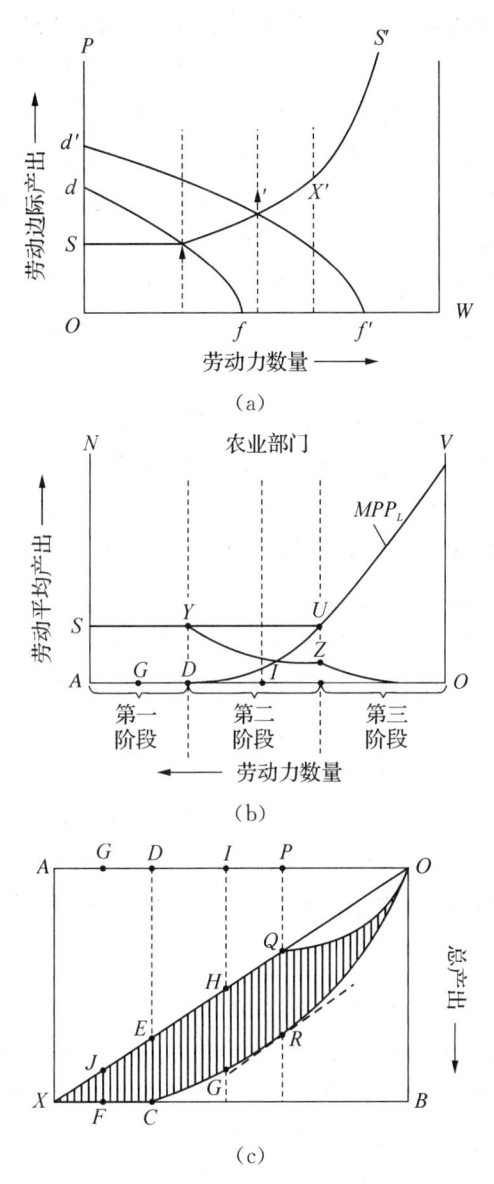

图 4-4 拉尼斯-费景汉模型中的现代部门与农业部门发展

资料来源：Ranis and Fei(1961)。

在介绍拉尼斯-费景汉模型前,有必要阐述该模型中提到的"制度性工资"。传统部门的劳动边际生产率可能为零甚至为负,如果从市场的角度来看可以不支付工资。但是,很显然这是无法接受的。即便是在农业社会,为了维持生存也需要有个最低的工资水平,这就类似于刘易斯模型中提到的维持生计的工资水平 OS。那么,这个制度性工资由什么来决定的呢? 拉尼斯-费景汉认为,这个制度性工资是由制度或者非商业的因素来维持的,根据所有劳动力都在传统部门工作时的平均产出来决定的,即图 4-4(c)图的 AX/OA。

根据传统部门劳动边际生产率的情况,拉尼斯-费景汉模型将劳动力的流动情况分为三个阶段:第一阶段,传统部门劳动的边际生产率为零,此时传统部门存在大量剩余劳动力流向现代部门,但并不会影响传统部门的总产出;第二阶段,传统部门劳动的边际生产率大于零,但小于制度性工资,此时传统部门隐性失业的劳动力流向现代部门;第三阶段,传统部门劳动的边际生产率大于制度性工资,现代部门必须支付等于边际生产率的工资才能吸引劳动力从传统部门流向现代部门。在剩余劳动力和隐性失业劳动力全部转移完之前,现代部门只需支付制度性工资。因此,图4-4(b)图上的SUV线即为农业部门劳动力的供给曲线,表示不同的工资水平下从农业部门释放的劳动力数量。

拉尼斯-费景汉模型与刘易斯模型的一个重要区别是,前者更加关注传统部门在劳动力迁移过程中的发展。劳动力从传统部门转移到现代部门,一个重要的前提条件是传统部门的产品存在剩余。在第一个阶段,传统部门剩余劳动力的转移并不会造成传统部门总产出的减少,也不会引起传统部门和现代部门工资水平的提高。到第二阶段,传统部门的边际生产率大于零的隐性失业劳动力开始转移,这些劳动力的转移造成了传统部门总产出的减少,传统部门平均剩余减少,传统部门生产的产品出现下降。现代部门不得不提高工资吸引隐性失业劳动力转移。而到了第三个阶段,隐性失业的劳动力不再存在,传统部门的劳动力也出现了稀缺。传统部门生产的产品更加短缺,传统部门进入商业化阶段,工资水平等于传统部门劳动力的边际生产率,并超出了制度性工资。此时,现代部门与传统部门形成了劳动力竞用,现代部门想要吸引劳动力转移,只有继续提高工资水平。拉尼斯和费景汉将第一阶段和第二阶段的临界点称为"短缺点"或"刘易斯拐点",将第二阶段和第三阶段的临界点称为"商业化点"。[①]

情形2:传统部门生产率提高

拉尼斯-费景汉模型还分析了传统部门和现代部门生产率的变化产生的影响,两部门的平衡发展对经济的影响,以及人口增长带来的影响。他们认为,传统部门生产率的提高可以保障劳动力的顺利转移以及工业部门的扩张,但这也不是一件容易做到的事情,需要保证两部门的均衡增长。传统部门生产效率的提高带来两方面的影响:一方面,有着更多的剩余劳动力,从而"短缺点"向右移动;另一方面,现代部门在吸引了剩余劳动力后需要开出更高的工资去吸引劳动力转移,从而"商业化点"向左移动。只要农业生产率提高得足够多,短缺点和商业化点将会重合,如图4-5所示,S_3与R_3完全重合。当重合点出现时,会形成新的劳动供给曲线,水平的部分变得更长,这也是所谓的"平衡增长路径"。在抵达重合点前,劳动力供求必须沿着这条平衡增长路径才能保障劳动力顺利转移。而要想确保这一点,传统和现代部门的生产率提高必须相匹配,即传统部门生产的产品刚好满足市场的需求。

---

① 部分文献中也将"商业化点"引申为"刘易斯第二拐点",以与"刘易斯拐点"对应。

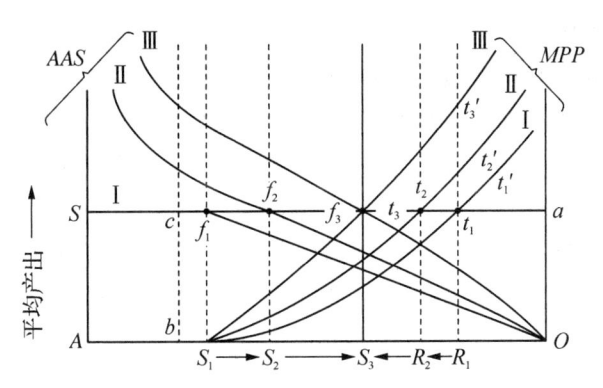

图4-5 传统部门生产率提高带来的路径变化

资料来源：Ranis and Fei(1961)。

刘易斯模型虽然注意到了剩余劳动力全部转移后劳动力市场的变化，但是并没有详细的分析说明。拉尼斯-费景汉模型在刘易斯模型的基础上引入传统部门，则可以更好地说明劳动力转移的不同阶段。由于两者在思想上是一致的，因而称之为刘易斯-费-拉尼斯模型。该模型强调，在传统部门的劳动边际生产率为零时，从传统部门向现代部门转移获得制度性工资是合宜的，剩余劳动力不断地从传统部门向现代部门转移；当传统部门的劳动边际生产率大于零且低于制度性工资时，传统部门中隐性失业劳动力为了获得更高的工资向现代部门转移；当传统部门的劳动生产率超出制度性工资时，两部门劳动力的工资水平相同。由于传统部门主要集中在农村地区，现代部门主要集中在城市地区，随着劳动力的乡城迁移，两部门劳动力市场从分割走向一体化，经济也从城乡"二元经济"走向了一体化。

二、哈里斯-托达罗迁移模型

刘易斯-费-拉尼斯模型对劳动力乡城迁移的解释，是现代部门（城市）提供了高出劳动边际产出（生产率）的工资，现代部门可以创造足够多的就业机会来安置传统部门（农村）劳动力。1969年，托达罗提出城市并不能提供足够多的就业，甚至失业普遍存在，但劳动力依然大规模地从农村地区转移到城市地区。[1] 那么，是什么样的原因吸引了农村劳动力的转移，尤其是那些年轻劳动力的转移呢？托达罗认为是预期的城乡工资差距。1970年，哈里斯和托达罗进一步完善了该迁移模型。[2] 这里依然从托达罗模型开始，在拓展模型中介绍托达罗-哈里斯模型。同样，由于两个模型一脉相承，这里称之为"哈里斯-托达罗"模型。[3]

---

[1] Todaro, M. P., "A model of labor migration and urban unemployment in less developed countries", *The American Economic Review*, 1969, 59(1), 138-148.

[2] Harris, J. R. and M. P. Todaro, "Migration, Unemployment and Development: A Two-Sector Analysis", *The American Economic Review*, 1970, 60(1), 126-142.

[3] 在一些教材文献中，既有托达罗模型也有哈里斯-托达罗模型的介绍，为了更系统地介绍含有预期收入的迁移模型，这里将两个模型进行合并，仍然称之为"哈里斯-托达罗"模型。

(一) 模型假设

托达罗模型最经典的假设,是城乡预期收入的差距。有了这样一个假设,就可以解释为何在城市存在失业时,农村劳动力仍然会继续迁移。劳动力从农村迁移至城市,城市劳动力中迁入劳动力的比重将会发生变化,因此关注这一指标就可以了解到劳动力迁移的情况。同时,这一指标可以很好地与失业问题衔接,因而模型中首先对这一指标进行了假设。$\dot{S}$ 代表乡城净迁移劳动力数,S 代表城市劳动力的总量,$V_u(t)$ 代表非技能劳动力预期城市收入现值,$V_R(t)$ 代表该非技能劳动力预期农村收入现值。[①] 设定:

$$\frac{\dot{S}}{S}(t) = f\left(\frac{V_u(t) - V_R(t)}{V_R(t)}\right), 并且 f' > 0 \qquad (4.1)$$

式(4.1)表明,城市劳动力中迁入劳动力的比重随着非技能劳动力预期的城市收入现值的增加而增加,随着非技能劳动力预期农村收入现值的增加而减少。比如说,农村地区遭遇自然灾害,农村劳动力收入预期自然下降,因而更有可能出现劳动力的乡城迁移。如果非技能劳动力预期农村收入现值没有发生变化,那么城乡预期收入差距扩大时,劳动力也会发生乡城迁移。除了这一假设外,该模型中还假设:① 每个劳动力的计划是相同的;② 对于每个劳动力,迁移成本都是相同的;③ 贴现因子在计划期迁移期内是保持不变的,并且对每个潜在的转移劳动力都是相同的。此外,假定:非技能劳动力初始的预期农村和城市收入现值 $V_R(0)$ 和 $V_u(0)$ 满足:

$$\begin{cases} V_R(0) = \int_{t=0}^{n} Y_R(t) e^{-rt} dt \\ V_u(0) = \int_{t=0}^{n} p(t) Y_u(t) e^{-rt} dt - C(0) \end{cases} \qquad (4.2)$$

式中,$Y_R(t)$ 和 $Y_u(t)$ 分别为 t 时期劳动力在农村和城市获得预期净收入(可以根据前若干期的平均实际收入来预期),$C(0)$ 为初始的迁移成本,$p(t)$ 为 t 时期转移劳动力在城市获得就业机会的概率,r 为贴现因子。

假定:t 时期城市现代部门创造的岗位数 $N(t)$ 以恒定的速度增长:

$$N(t) = N(0) e^{(\lambda - \rho)t} \qquad (4.3)$$

式中,λ 为城市现代部门工业产值增长率,ρ 为城市现代部门劳动生产率的增长率。此外,设定一个式(4.1)简化版的劳动力供给方程:

$$\frac{\dot{S}}{S}(t) = \beta + \pi(t) f[\alpha(t)], 其中 \alpha(t) = \frac{Y_u(t) - Y_R(t)}{Y_R(t)} \qquad (4.4)$$

[①] 下标 R 代表农村地区的变量,下标 u 代表城市地区的变量,本书下标 u 沿用原文中的小写。

式中,$\alpha(t)$为城乡实际收入差距与农村收入的比值,β为城市就业自然增长率。

从式(4.4)中可以看出,影响t时期劳动力乡城迁移的因素包括城市的机会以及预期城乡收入差距与农村收入的比值。如果预期在城市更加容易获得工作机会,那么乡城迁移的人数会增加;同样,如果预期城乡收入差距会扩大,那么乡城迁移的人数将会更多。托达罗认为,发展中国家城市移民的激增,与预期城乡收入差距的进一步扩大有着直接的关联。

(二) 模型分析

在不失一般性的情况下,令$\gamma=\lambda-\rho$。由此,得到$\dot{N}(t)/N(t)=\gamma$。同时,t时期城市获得就业机会的概率$\pi(t)$为新就业岗位数与未就业人数的比,即:

$$\pi(t)=\frac{\gamma N(t)}{S(t)-N(t)} \quad (4.5)$$

式中,$S(t)$为t时期城市劳动力总数。

均衡时,城市的就业增长率为零,劳动力停止了乡城迁移。根据城市就业率$E(t)=N(t)/S(t)$,可以得到均衡时:

$$\frac{\dot{E}}{E}(t)=\frac{\dot{N}}{N}(t)-\frac{\dot{S}}{S}(t)=0 \quad (4.6)$$

将$\dot{N}(t)/N(t)=\gamma$和式(4.4)、式(4.5)代入式(4.3),得到:

$$\frac{\dot{S}}{S}=\beta+\frac{\gamma E^*}{(1-E^*)(\gamma-\beta)}f[\alpha(t)] \quad (4.7)$$

式中,E^*为均衡时的就业率。

给定γ、β和$f[\alpha(t)]$时,$d\dot{S}/dE^*>0$。这就表明,如果创造就业的速度、城市自然就业数量以及城乡预期收益差距保持不变时,就业率越高转移的劳动力数量越多。此时转移劳动力数量的多少与失业率是相关的,失业率越高,转移劳动力的人数越少。

既然谈到了失业,那么失业的概率是多大呢?很显然,转移劳动力到城市获得就业的机会$p(t)$,与城市新创造的就业岗位数以及城市原有的失业劳动力数相关。转移劳动力刚到城市时可能并没有获得就业机会,但是在下一期有可能获得就业机会。初始时,转移劳动力获得的就业机会$p(0)$应该等于城市提供的就业机会$\pi(0)$。转移劳动力在城市获得就业机会应该是累加的,这一期没有被雇佣,下一期依然可能不会被雇佣,而至于被雇佣的概率则取决于城市提供的就业机会。因此,转移劳动力进入城市后,在第t期获得就业机会的概率:

$$p(t)=p(t-1)+[1-p(t-1)]\pi(t-1) \quad (4.8)$$

将 $p(0)=\pi(0)$ 代入式(4.3),可以得到 $p(t)=\pi(0)+\sum_{t=1}^{t}\pi(i)\prod_{j=0}^{i-1}[1-\pi(j)]$。从式(4.2)可以发现,$p(t)$越大,也就意味着转移劳动力在城市和农村所能获得的预期收入差距越大,从而劳动力乡城越容易迁移。此外,从式(4.8)也可以发现,时间越长(t越大),那么$p(t)$越大。相对中老年人,年轻人迁移到城市后有更长的时间可以用来工作,也就意味着他们有更多的机会在城市找到工作,因而更偏向于流向城市。

(三) 模型拓展:两部门模型

在托达罗模型中,重点考察了失业和预期工资对迁移过程的动态影响。但是,在托达罗模型中,并不关注迁移过程中社会总福利和部门间的福利变化。尽管托达罗模型与发展中国家的情形能够吻合,但也忽略了农业部门的福利情况和经济政策的影响。在哈里斯-托达罗两部门的失业模型中,假定包括以下几个方面:① 城市地区生产制造品、农村地区生产农产品,并且两部门为完全竞争部门;② 只要预期城市收入超过农产品获得的边际收入,乡城迁移就会发生;③ 城市的劳动力由原城市劳动力和迁移劳动力共同构成;④ 当求职者人数超出岗位数时选择过程是随机的,因而城市居民的预期工资最小固定工资乘以城市实际就业率。

设定农业部门和制造业部门的生产函数分别为:①

$$\begin{cases} X_A = f_1(N_A, \overline{L}, \overline{K}_A) \\ X_M = f_2(N_M, \overline{K}_M) \end{cases}, f' > 0, f'' < 0 \tag{4.9}$$

式中,X_A 和 X_M 分别为农产品和制造品的产量,N_A 和 N_M 分别为农业部门和制造业部门使用的劳动力,$\overline{L}$、$\overline{K}_A$ 和 $\overline{K}_M$ 分别为农业部门使用的固定数量的土地、固定数量的资本以及制造业部门使用的固定数量的资本。

根据农产品和制造品的贸易条件,单位化制造品的价格,确定农产品的相对价格:

$$P = f_3\left(\frac{X_M}{X_A}\right) \tag{4.10}$$

完全竞争的市场中,农业部门和工业部门的实际工资等于边际产品价值:

$$\begin{cases} W_A = P f_1' \\ W_M = f_1' \geqslant \overline{W}_M \end{cases} \tag{4.11}$$

城市预期工资为:

---

① 这里函数采用了 $f(\cdot)$ 这类常见形式,替代原文中不太常见的希腊字母的形式。

$$W_u^e = \frac{\overline{W}_M N_M}{N_u} \tag{4.12}$$

式中，N_M 为制造业就业人数，N_u 为城市劳动力人数。

劳动力数量保持均衡，始终有 $N_A + N_u = \overline{N}_R + \overline{N}_u = \overline{N}$，即农业部门劳动力数量与城市劳动力数量始终等于初始农村地区和城市地区劳动力数量，且总量保持不变。均衡时，有 $W_A = W_u^e$。劳动力乡城迁移需要保证 $W_A < W_u^e$，结合式（4.11）和式（4.12），写出方程式：

$$\dot{N}_u = f\left(\frac{\overline{W}_M N_M}{N_u} - P f_1'\right), f' > 0, f(0) = 0 \tag{4.13}$$

对式（4.13）求关于 N_u 的导数，可以得到 $\mathrm{d}\dot{N}_u = -\mathrm{d}N_u$。根据 $N_A + N_u = \overline{N}$，有 $\mathrm{d}N_u = -\mathrm{d}N_A$。对 $W_A = W_u^e$ 式求关于 N_M 的导数，得

$$\frac{\mathrm{d}N_u}{\mathrm{d}N_M} = \frac{\dfrac{\overline{W}_M}{N_u} - \dfrac{f_3 f_1' f_2'}{\eta_A X_A}}{\dfrac{\overline{W}_M N_M}{(N_u)^2} - f_3 f_1'' + \dfrac{f_3 (f_1')^2}{\eta_A X_A}} \tag{4.14}$$

式中，η_A 为农产品的需求价格弹性。

结合 $\mathrm{d}\dot{N}_u = -\mathrm{d}N_u$ 和式（4.14）可以判断出，城乡工资差距越大、农业部门产品价格和边际产品对价格的敏感性越低，则劳动力越容易发生乡城迁移。只要最低工资超出农业收入，式（4.14）总是为正，即劳动力总是会出现乡城迁移。

在刘易斯-费-拉尼斯模型中，失业并不在考虑的范围之内，农村劳动力向城市迁移，更多的是因为农村地区的劳动生产率低于最低生计工资或者制度性工资。但是，在哈里斯-托达罗模型中，农村地区劳动力迁移不仅考虑到了城乡的收入差距，同时还考虑到在城市获得就业的机会。只要预期在城市获得的收入超过在农村获得的收入，那么哪怕刚开始进入城市失业也是值得的。这也解释了为何非洲和南美国家城市失业率很高，但依然有大量的人群涌入城市。[①]

第二节　劳动力跨区迁移理论

在城市化阶段，劳动力的乡城迁移规模是巨大的，因此也最容易引起经济学家们

[①] 关于哈里斯-托达罗模型也有很多拓展，比较具有代表性的如 Fields（1975）。[Fields, G. S., "Rural-urban migration, urban unemployment and underemployment, and job-search activity in LDCs", *Journal of Development Economics*, 1975, 2(2), 165-187.]

的关注。本质上而言,乡城迁移属于跨区迁移,劳动力从农村地区向城市地区转移。但是,乡城迁移有其自身的特征,比如只是从传统或者农业部门向现代或者工业部门转移。因此,在劳动力乡城迁移的模型中,城乡地区只是考虑了其中的一个部门。[①] 事实上,劳动力乡城迁移只是劳动力跨区迁移的一种,劳动力跨区迁移同时还包括乡乡迁移、城城迁移以及跨区域的城乡迁移。本节将介绍更加一般化的劳动力跨区迁移模型,包括引力模型和新经济地理核心—边缘模型这两个模型。

一、引力模型

大多数迁移模型是基于个体迁移前后的(预期)收入、效用等进行分析的,但这对于区域经济学而言是不完整的。迁移本质上是劳动力或者人口在空间上的流动,考虑空间的相互作用显然是有必要的。人文经济地理学最早关注到迁移过程中的空间因素所产生的影响,从空间行为和牛顿物理学中获得了启示,构建了劳动力迁移的引力模型。

(一) 基本假设

如果考虑空间的因素,那么影响迁移的因素就不仅包括来自原地的推力因素和迁出地的拉力因素,还有包括两地区的距离。采用一般化的数学方程式,$M_{ij} = A_i B_j f(D_{ij})$。[②] 其中,$A_i$ 为迁出地的因素,B_j 为迁入地的因素,D_{ij} 为两地区之间的距离,$f' < 0$。距离的增加,意味着迁移成本的增加,从而迁移劳动力的数量也就会下降。从这里也可以看出,迁移模型最初的提出是缺乏微观基础的模型,是一种假设的模型。当然,在后续的研究中也可以发现,迁移模型也可以通过消费者和厂商的行为分析来得到,后面将会再次介绍。

(二) 模型分析

迁移模型多运用于实证分析,其理论模型的发展也只是在原有模型的基础上进行抽象、简化和拓展,改变其中的一些因素。在劳动力迁移模型中,常见简化的模型形式为:

$$M_{ij} \propto \frac{P_i P_j}{D_{ij}^2} \tag{4.15}$$

式中,M_{ij} 为从区域 i 迁移到区域 j 的劳动力数量;P_i 和 P_j 为区域 i 和区域 j 的人口数,D_{ij} 为区域 i 和区域 j 之间的距离。

式(4.15)表明,劳动力区域间迁移的数量与地区人口数成正比,与两地区之间的距离成反比。从这个简化的模型中也可以发现简化引力模型中的一些不足之处,比如从式(4.15)中只能得到区域 i 迁移到区域 j 的劳动力数量,反向的迁移劳动力数也

[①] 尽管哈里斯-托达罗模型也叫两部门模型,但是他们只是考虑了农村地区的农业部门和城市地区的制造业部门,并没有同时考虑农村地区和城市地区都有两部门的情形。

[②] 详见 Molho(1986)。

是相同的,但这显然不合理。再如,从式(4.15)中可以发现,如果区域 j 有新的就业机会,那么将从距离更近的地区吸引劳动力的流动。此外,采用加总形式的引力模型,可能损失掉大量的信息。采用更加一般化的引力模型,

$$\frac{M_{ij}}{P_i P_j} = (k_1 U_i + k_2 U_j) f(D_{ij}) \tag{4.16}$$

式中,U_i 和 U_j 为区域 i 和区域 j 的失业率。

根据式(4.16)进行加总,可以得到地区的净迁移数:

$$NM_i = \frac{\sum_{j \neq i}(M_{ij} - M_{ji})}{P_i} = \sum_{j \neq i} P_j f(D_{ij})(k_1 - k_2)(U_i - U_j) \tag{4.17}$$

从式(4.17)可以发现,地区净迁移人口数不仅与两地人口数和地理距离相关,同时还与迁入地和迁出地的就业率相关。

(三) 模型拓展:个体与区域特征的加入

由于最初的引力模型是缺乏理论基础的,因此很多计量研究在其中添加了各种因素,从而出现了多种形式的引力模型,式(4.17)也属于加入失业因素的拓展。除了收入、效用、失业等因素被加入外,一些个体的特征如年龄、学历、工作经验、婚姻状况等也被加入其中,流入地区和流出地的特征如就业增长速度、周转住房、居住环境因素也可加入其中,但这些只会影响到模型的初始形态。可以将个体和地区特征加入迁出地和迁入地的推拉力因素 A_i 和 B_j 上。具体地,[①]

$$\begin{cases} \ln\left(\frac{A}{P}\right)_i = \alpha_0 + \sum_m \alpha_0 H_{mi} + \sum_k \beta_k \\ \ln\left(\frac{B}{P}\right)_j = \gamma_0 + \sum_k \gamma_k X_{kj} \end{cases} \tag{4.18}$$

式中,H_m 为个体特征,X_k 为地区特征。

不同于乡城迁移的刘易斯-费-拉尼斯模型和哈里斯-托达罗模型,引力模型不再只是针对乡城迁移,同样适用于城城迁移,甚至于劳动力的双向流动。引力模型的另外一个优点是,简单易于进行实证检验。并且,众多的实证结果也验证了该模型的准确性,究其原因,可能与交通成本、信息流和集聚经济的具体表现是相似的。但这个模型的缺点也是很明显的,引力模型的迁移不是个体行为的模型,也就是前文中提到的缺乏微观基础。[②]

二、克鲁格曼核心—边缘模型

核心—边缘模型是新经济地理模型中最基础的模型,解释了即便初始禀赋相同

[①] 原文中迁入地为下标 i,为便于比较两地区推力和拉力的差异,这里把下标 i 改为 j。
[②] 也有一些学者尝试进行理论的补充,详见 Andeson(2011)。

的区域之间如何形成了产业集聚和区域差异。初看起来,在介绍劳动力流动理论模型时,花如此大的篇幅去介绍新经济地理核心—边缘模型是不合时宜的。但值得强调的是,从克鲁格曼在1991年发表的《规模报酬递增与经济地理》一文开始,新经济地理模型始终考虑着要素流动这一重要因素。[①] 至于要素流动对区域经济学的重要性,在前面的章节已经进行了大篇幅的阐述,这里不再赘述。从某种意义上来说,克鲁格曼核心—边缘模型同样也是一个劳动力迁移模型,考虑本章介绍劳动力流动,本部分将重点介绍模型中劳动力流动内容。

(一) 基本假设

克鲁格曼核心—边缘模型为$2\times2\times2$模型,即两地区、两部门、两要素模型。两地区同时存在农业部门和制造业部门。农业部门为完全竞争和规模报酬不变部门,使用非技能(农民)劳动力生产农产品;制造业部门为垄断竞争和规模报酬递增部门,使用技能劳动力(工人)生产。两地区初始的农民和工人的数量相同,农民在区域间不可以流动,工人在区域间可以流动。所有的产品在区域内贸易不存在贸易成本,农业部门生产的农产品在区域间贸易不存在贸易成本,制造业部门生产的制造品在区域间贸易存在冰山交易成本τ。那么,工人在区域间的流动依据是什么呢?克鲁格曼指出,工人会流向实际工资水平更高的地区。

假设消费者效用函数为两层效用函数,上层效用函数为农产品和制造品组合的柯布-道格拉斯效用函数,下层效用函数为不变替代效用函数:

$$U = C_A^{1-\mu} C_M^{\mu}, \quad C_M = \left[\sum_i^N c_i^{(\sigma-1)/\sigma}\right]^{\sigma/(\sigma-1)} \tag{4.19}$$

式中,C_M、C_A和c_i分别为单个消费者制造品组合、农产品和i种制造品的消费数量,σ为不同制造品之间的替代弹性,μ为制造品组合支出占总支出的比重。

农民初始数量给定,设定两地区工人数之和为μ,即$L_1+L_2=\mu$。制造品生产函数满足$L_{Mi}=\alpha+\beta x_i$,其中x_i为i种制造品的产量。

(二) 模型分析

令$f=L_1/\mu$,消费者效用水平最大化、厂商利润最大化、产品市场和要素市场出清达到了均衡,此时有:

$$\begin{cases}\omega_1=w_1 P_1^{-\mu}\\\omega_2=w_2 P_2^{-\mu}\end{cases}, \begin{cases}P_1=[fw_1^{-(\sigma-1)}+(1-f)(w_2/\tau)^{-(\sigma-1)}]^{-1/(\sigma-1)}\\P_2=[f(w_1/\tau)^{-(\sigma-1)}+(1-f)w_2^{-(\sigma-1)}]^{-1/(\sigma-1)}\end{cases} \tag{4.20}$$

工人在区域间是否迁移,取决于ω_1/ω_2的大小。如果$\omega_1/\omega_2<1$,那么工人将从区域1迁移至区域2,反之则反是。因此,从式(4.20)可以得到$\omega_1/\omega_2=(w_1/w_2)/(P_1/P_2)^{\mu}$,即影响工人迁移的因素包括两地区的名义工资差距以及价格指数差距。

[①] Krugman, P., "Increasing Returns and Economic Geography", *The Journal of Political Economy*, 1991, 99(3), 483-499.

均衡时,同时有

$$\begin{cases} w_1 L_1 = \mu\left[\left(\dfrac{z_{11}}{1+z_{11}}\right)Y_1 + \left(\dfrac{z_{12}}{1+z_{12}}\right)Y_2\right] \\ w_2 L_2 = \mu\left[\left(\dfrac{1}{1+z_{11}}\right)Y_1 + \left(\dfrac{1}{1+z_{12}}\right)Y_2\right] \end{cases}, \begin{cases} Y_1 = \dfrac{1-\mu}{2} + w_1 L_1 \\ Y_2 = \dfrac{1-\mu}{2} + w_2 L_2 \end{cases}, \begin{cases} z_{11} = \left(\dfrac{L_1}{L_2}\right)\left(\dfrac{w_1 \tau}{w_2}\right)^{-(\sigma-1)} \\ z_{12} = \left(\dfrac{L_1}{L_2}\right)\left(\dfrac{w_1}{w_2 \tau}\right)^{-(\sigma-1)} \end{cases}$$
(4.21)

根据式(4.20)和式(4.21)可以看出,ω_1/ω_2 为隐函数。因此,很难直观地判断出工人迁移的情况。但是可以判断出,影响迁移的因素包括两地区的名义工资、本地工人占两地区工人的比重以及商品的运输成本。

(三) 模型拓展:市场接近和供给接近的引入

克鲁格曼核心—边缘模型虽然可以掌握到影响工人迁移的因素,由于没有办法得到解析解,因而也就无法分析各种因素的影响到底如何,更是无法进行经验检验。雷丁和维纳布尔斯在加入中间品贸易的模型中进行了抽象,将名义工资的方程 w 写成了关于市场接近和供给接近的方程:[①]

$$\omega = \dfrac{MA^{1/\sigma}}{SA^{\mu/(1-\sigma)}} \tag{4.22}$$

式中,MA 和 SA 分别为市场接近和供给接近。

市场接近本质上是衡量市场潜力的指标,衡量的是出口需求的地理加权值,供给接近衡量的是进口需求的地理加权值。如果考虑非贸易设施(如房产、公共基础设施等),那么赫尔普曼在 1998 年加入非贸易品的模型中的实际工资可以写成:

$$\omega = \dfrac{MA^{1/\sigma}}{SA^{\mu/(1-\sigma)} P_{Hi}^{1-\mu}} \tag{4.23}$$

从而,ω_1/ω_2 与本地的市场接近、外地的供给接近以及本地的非贸易品价格正相关,与外地的市场接近、本地的供给接近以及外地的非贸易品价格负相关。换句话说,如果本地地理距离加权的进口的多、出口的少,或者本地的房产、公共基础设施等非贸易品的价格高,那么工人越容易向外迁移。

新经济地理核心—边缘模型有着较好的微观基础,从消费者和厂商的最优化到产品和要素市场的出清,构成了一个完整的经济系统。当然,迁移并非新经济地理研究的重点,因而相关的模型中更多地选择了以居民的实际收入或者间接效用水平来决定迁移。在迁移的原因上,克鲁格曼核心—边缘模型认为地区的名义工资水平、地区工人的比重以及商品的运输成本是影响劳动力跨区流动的因素,同时也可以归纳为本地的地理距离加权的进出口和非贸易品的价格等因素。

[①] 详见 Redding and Venables(2004)和 Redding(2010)。

尽管引力模型和新经济地理模型并无直接的关联，也是完全不同的范式，引力模型缺乏微观基础，新经济地理模型有微观基础。但两者对地理距离同时产生了重视，这也是跨区迁移模型不同于乡城迁移模型的重要地方。尽管如此，地理距离对劳动力迁移所产生的影响在引力模型和新经济地理模型中是完全不同的。在引力模型中，地理距离对劳动力的迁移产生了直接的影响；而在新经济地理模型中，地理距离则是通过影响制造品的运输成本而间接地影响着迁移。

本章小结

随着近现代工业经济的发展，区域的经济发展不再依赖于土地这类不可流动的要素，要素的流动成就了自然资源匮乏的地区。从农业到工业和服务业，劳动力始终是生产活动中重要的投入要素。地区吸引劳动力发展经济成为一种可能，但这首先需要劳动力做出迁移的决策。

在工业化的过程中，劳动力的乡城迁移是最常见的空间迁移形式。一方面，劳动力迁移能够获得更高的收入；另一方面，劳动力迁移满足了工业生产对劳动力的需求。刘易斯-费-拉尼斯模型指出，传统农业部门的劳动力的边际生产率较低，因而只要现代工业部门给出较低的制度性工资就会吸引劳动力从农村流向城市。但随着剩余劳动力和隐性剩余劳动力的全部迁移，则需要给出市场化的工资才能吸引劳动力从农村流向城市。哈里斯-托达罗模型则认为，由于城市存在失业，影响劳动力乡城迁移的实际上是城乡预期的收入差距。年轻人在城市可以有更长的时间（意味着更多的机会）寻求到工作，因而更偏向于流向城市。

从区域的视角来看，乡城迁移只是劳动力区域迁移的形式之一。因此，在第二节中介绍了两个更为一般性的劳动力跨区流动模型，引力模型和克鲁格曼核心—边缘模型。引力模型缺乏微观基础，但是可以将地区的人口规模、失业率等因素纳入其中，进行较好的拓展。克鲁格曼核心—边缘模型有着较好的微观基础，认为地区的名义工资差距、地理距离加权的进出口和非贸易品的价格等因素是影响迁移决策的因素。引力模型和克鲁格曼核心—边缘模型都考虑了地理距离的影响，这也是符合区域经济研究的范式的。但前者阐述的是地理距离对劳动力迁移产生的直接影响，后者阐述的是地理距离通过制造品的运输成本对劳动力迁移产生的间接影响。

无论是劳动力的乡城迁移还是一般性的跨区迁移，这既是劳动力追求更高福利的结果，同时也会影响区域经济的发展。劳动力的迁移是具有迁移成本的，并且后期这种迁移的成本可能会变得更高。所幸的是，劳动力迁移只是要素流动的方式之一，下一章中我们将介绍资本要素的跨区迁移。

第五章　资本区际流动理论

资本的本质是逐利的,哪里回报率高,资本就将流向哪里。或流向其他行业,比如由传统制造业流向房地产业;或流向其他地区或国家,比如将本国的生产部分或全部转移到国外去生产。在经济全球化发展的今天,资本区际流动达到了前所未有的规模。

资本跨区流动形式是多样的,比如通过对外的直接投资、房地产的投资、证券投资、发放贷款信贷以及赠予等。尽管这些流动形式都是重要的,但其中的多数并非区域经济研究关注的重点。因此,本章中涉及的资本流动,是指与生产相关的跨区或者跨国直接投资。同样,影响资本区际流动的因素也是多方面的,比如利率、投资的边际效率、银行利率、投机、外资政策、外汇管制和税收政策等,而类似银行利率、投机等带来短期资本流动也非本书关注的重点。在产业资本密集型普遍提高的今天,资本流动对地区的经济发展有着重要意义。从举全部之力招商引资到兴建工业园区,吸引资本成为很多地区的首要任务。值得一提的是,资本具有极高的流动性,吸引并留住资本才能促进区域经济的长期稳定发展。考虑到资本跨区流动和跨国流动面临的外部环境有着较大的差异,本章将分别介绍资本跨区流动理论和资本跨国流动理论。

第一节　资本跨区流动理论

资本跨区流动的规模是巨大的,形式也是多样化的,常见的形式包括异地并购、银行系统流动、证券投资、区域性资本市场等途径。但是,由于有关资本跨区的数据相对较少,因而关于资本跨区流动的研究远少于资本国际流动的研究。当然,除了数据原因外,资本的跨区流动影响因素相对也较为简单,主要因素即为地区间的资本收益率差异。传统的理论认为,资本会从收益率低的地区流向收益率高的地区,这是比较容易理解的,因而不做过多的介绍。但也有理论指出,在区域框架中,资本可能会从收益率高的地区流向收益率低的地区,或者资本在不同的条件下会有不同的流向。本节重点介绍韦伯提出的资本流动模型以及马丁和罗杰斯提出的自由资本模型。①

一、韦伯资本流动模型

1987年,韦伯对资本流动是否会导致地区利率均衡进行了研究。② 经济学理论指出,由于资本流动的障碍以及地区规模经济的存在,资本流动通常没有带来地区利率的均衡。在论证这一问题时,韦伯构建了一个两区域模型,使用了较大的篇幅分析了资本流动。③

(一) 基本假设

模型为2×2×2模型,两地区为完全专业化分工地区。地区1生产资本(工厂、机器、原材料等),地区2生产消费品。地区1使用a_{11}单位资本和l_1单位劳动力生产1单位的资本,地区2使用a_{12}单位资本和l_2单位劳动力生产1单位消费品。i地区劳动力将自己的全部收入w_i用于购买消费品。除了资本流动和相对价格外,其他的因素都被忽视。④ 不考虑运输费用,两地区商品价格相同。

在不失一般性的情况下,设定地区2的工资固定为W_2,消费品价格$p_2=1$。资本价格与产出水平有着直接的关联,设定其为两地区商品(地区1的资本和地区2的消费品)产量比的函数,$p_1=P(x_1/x_2)$。类似地,$W_1=W(x_1/x_2)W_2$。

(二) 模型分析

根据上述假设,可以得到每个地区的资本、总利润以及利率为:

$$\begin{cases} K_i = (p_1 + a_{1i} + W_i l_i) x_i \\ R_i = (p_i - p_1 a_{1i} - W_i l_i) x_i \end{cases} \tag{5.1}$$

式中,$i=1,2$。对应地,地区的资本利息率为:

$$r_i = \frac{R_i}{K_i} = \frac{p_i - p_1 a_{1i} - W_i l_i}{p_1 + a_{1i} + W_i l_i} \tag{5.2}$$

资本在经济体中达到动态均衡的路径,取决于资本流动对地区利率差的反应方式。资本投资来自生产过程中产生的盈余,这种盈余可以是租金、税收和股息的形式分配。其中,部分用于消费商品,占总盈余的比重设定为s;另一部分用于个人、政府、银行和其他金融机构再投资,占总盈余的比重设定为u;剩余的$(1-s-u)$由企业保

---

① Webber, M., "Rates of Profit and Interregional Flows of Capital", *Annals of the Association of American Geographers*, 1987, 77(1), 63-75.
　Martin, P. and C. A. Rogers, "Industrial location and public infrastructure", *Journal of International Economics*, 1995, 39(3-4), 335-351.

② 这里的韦伯是指"Webber",与第三章中提到的韦伯工业区位论中的"Weber"不同。

③ 虽然研究资本流动的文献很多,但真正具有代表性的理论模型很少见。韦伯的理论模型主要研究区域利率问题,其中涉及较多的资本流动。尽管这一模型运用得并不广泛,但该模型给出了一些新的结论,因此有必要介绍。鉴于本书中重点介绍该模型中的资本流动部门,为简化,称之为"韦伯资本流动模型"。

④ 所有的要素和商品都可以流动,没有劳动力短缺,没有技术变革,也没有规模经济或者不经济。

留,用作直接投资。如果地区 1 的利率小于等于 0,资金池中投资于地区 1 的资本比例为 0;如果地区 2 的利率小于等于 0,资金池中投资于地区 2 的资本比例为 0。当两地区资本利率都大于 0 时,资金池中用于地区 1 的投资概率 $q_1=Q(r_1/r_2)$,地区 2 的投资概率为 $q_2=1-q_1$。因此,资本流动是根据实际平均利润率,而不是根据边际利润率或预期利润率,投机在这个模型中不起作用。这样,如果两地区均有剩余时,地区 i 的投资为 $q_i u(R_1+R_2)$。

此外,设地区 i 投入地区 j 的直接投资比例为 v_{ij},如果地区 2 的资本利息率大于 0,$v_{11}=V(r_1/r_2)$,否则 v_{11} 为 0;如果地区 1 的资本利息率大于 0,$v_{22}=U(r_1/r_2)$,否则 v_{22} 为 0;$v_{12}=1-v_{11}$,$v_{21}=1-v_{22}$。均衡时,两地区的投资变化量等于盈余中没有被消费的部分,即:

$$dK_1+dK_2=(1-s)(r_1K_1+r_2K_2) \tag{5.3}$$

并且,两地区的资本积累率相同。如果 $r_1>r_2$,那么 $dK_1<(1-s)R_1$ 且 $dK_2>(1-s)R_2$;如果 $r_1<r_2$,那么 $dK_1>(1-s)R_1$ 且 $dK_2<(1-s)R_2$。这就表明,只要两地区资本收益率不相同,那么总是会存在资本流动的。并且,资本总是从收益率高的地区流向收益率低的地区。

二、自由资本模型

1995 年,马丁和罗杰斯发表了《工业区位和公共基础设施》一文,主要分析了公共基础设施对产业区位的影响。[①] 尽管该模型也使用了新经济地理的研究范式,但是又不同于克鲁格曼的核心—边缘模型中对劳动力流动的假设,转而假定资本在空间流动。由于该模型假定了资本在区域间的自由流动,因而也被称为"自由资本模型"。[②]

(一)模型假设

类似于克鲁格曼核心—边缘模型,自由资本模型也是 2×2×2 模型,即两个地区(或国家)、两部门和两要素模型。两地为本地(以下标 D 表示)和外地(以下标 I 表示),生产技术相同。与克鲁格曼模型相同,两部门分别为规模报酬不变且完全竞争的农业部门以及规模报酬递增且垄断竞争的工业部门。所不同的是,自由资本模型中假定有劳动力和资本两种要素,初始拥有的劳动力均为 L,资本数量分别为 K 和 K^*。并且,劳动力可以在部门间流动,但不可以跨区域流动,资本可以跨区域自由流动。资本收益由劳动者平均拥有,由于劳动力不可以跨区域流动,资本收益需要返回消费。假定工业品在区域间流动存在成本(基础设施成本 τ,类似克鲁格曼模型中的

[①] Martin, P. and C. A. Rogers, "Industrial location and public infrastructure", *Journal of International Economics*, 1995, 39(3-4), 335-351.
[②] Baldwin et al.(2003)中将该模型称为"自由资本模型"(Footloose Capital Model),也有文献中将之翻译成"松脚型"模型。

冰山交易成本),农产品在区域间流动不存在成本。[①]

同样,假定消费者效用函数为两层效用函数,上层效用函数为农产品和工业品组合的柯布-道格拉斯效用函数,下层效用函数为不变替代效用函数:

$$U = \frac{1}{\alpha^\alpha (1-\alpha)^{1-\alpha}} D^\alpha Y^{1-\alpha}, D = \left[\sum_i^N D_i^{1-1/\sigma}\right]^{1/(1-1/\sigma)} \quad (5.4)$$

D 为工业品组合的消费量,Y 为农产品的消费量。单位化农产品的价格,消费者的预算约束函数为:

$$\sum_i^n \tau_D p_i D_i + \sum_{j=n+1}^N \tau_I \tau_I^* p_j^* D_j + Y = I \quad (5.5)$$

式中,τ_D、τ_I 和 τ_I^* 分别为工业品 D 地生产且在 D 地贸易的成本,I 生产且在 I 地贸易的成本以及 D 生产 I 地贸易的成本。

如果对 D 地基础设施设定一个简单函数,基础设施得到改善($g_D \uparrow$),则:

$$\tau_D = \tau_D(g_D), \partial \tau_D / \partial g_D < 0 \quad (5.6)$$

此外,假定企业需要使用单位资本作为固定投入、β 单位的劳动力作为可变投入。单位化劳动力工资水平 $w=1$,则资本收益为:

$$r = \frac{\beta x}{\sigma - 1} \quad (5.7)$$

式中,x 为代表性企业的产量。

(二) 模型分析

由于企业生产需要使用单位资本作为固定投入,因而地区的企业数量与地区使用的资本数量以及产品的种类数相同。均衡时,两地区企业总数等于两地区产品种类总数,并且等于经济中两地区初始时总的资本禀赋。即:

$$n + n^* = K + K^* \quad (5.8)$$

均衡时两地区的资本收益相同,资本不再在区域间流动。根据式(5.7),即意味着两地区的单个企业产量相同,即 $x = x^*$。假定两地区只在资本禀赋上存在差异,在产品市场和要素市场均衡时,本国资本流出的数量为:

$$K - n = \frac{K^* - K}{2} \left(\frac{\alpha}{\sigma} \frac{\rho_D + \rho_I^2}{\rho_D - \rho_I^2} - 1 \right) \quad (5.9)$$

[①] 马丁和罗杰斯将公共基础设施描述为影响实际到达消费者的产出量,这不仅体现了交通的关键作用,还体现了其他类型的基础设施。他们指出,如果电信网络的法律和合同执行不力,这也会将实际产出从消费中转移出来。同样,一般公共管理,特别是税收机构和地方管理机构,对经济施加的额外成本也可以模仿为消费的"冰山"成本。这些类型的基础设施,以及促进国内贸易的运输基础设施,被归类为国内基础设施改善。而建造一个港口或一个国际机场,或改善贸易管理或国际电信系统,被归为国际基础设施改善。

式中,$\rho_D=(\tau_D)^{1-\sigma}$,$\rho_I=(\tau_I)^{1-\sigma}$。

在式(5.9)括号内数值大于零时,本国资本是净流入还是净流出取决于初始的资本禀赋。如果本国初始资本禀赋更多,那么资本就是净流入的;反之,则反是。从这里可以看出,在其他条件相同的情况下,资本从资本贫瘠的国家或地区流向了资本丰裕的国家或地区。资本禀赋不同的国家或地区在吸引资本流入中存在两个方面的影响:一是资本贫瘠的地区企业数量更少、面临的竞争压力也更小,从而能够吸引企业流入;二是资本丰裕的地区企业数量更多,带来了更多的总收入和产品需求,从而能够吸引企业流入。当α越大,σ越小以及ρ_I越小时,第二种效应占据主导地位。由此,导致资本从资本贫瘠的国家或地区流动到资本丰裕的国家或地区。

(三) 模型拓展:基础设施改善后的资本流动

到目前为止,只是考虑到初始资本禀赋差异造成的资本在空间的流动。那么,对于资本贫瘠的国家或地区来说,是否只能眼睁睁地看着资本外流呢?在得到式(5.9)时,假定了两地区其他条件相同。如果资本贫瘠的国家或地区改善基础设施,结果是否会发生变化呢?

不妨假设对本地的消费者的收入征收定额税T,设定单位基础设施的成本为c。从而,有$cdg=dg=-dI$。并且,$\partial I/\partial g_D=c\partial I/\partial T=-c$。均衡时,

$$\frac{\partial n}{\partial g_D}=-\frac{\partial n^*}{\partial g_D}=\frac{\sigma-\alpha}{\sigma}\frac{K+K^*}{L+L^*}\left[-\frac{cL\rho_D^*}{\rho_D^*-\rho_I\rho_I^*}+\frac{L^*I^*\rho_I\rho_I^*}{(\rho_D^*-\rho_I\rho_I^*)^2}\frac{\partial \rho_D}{\partial g_D}\right] \quad (5.10)$$

根据$\rho_D=(\tau_D)^{1-\sigma}$以及$\tau_D=\tau_D(g_D)$,可以得到$\partial \rho_D/\partial g_D>0$。式(5.10)方括号内第一项是对收入征税产生的负效应,而第二项是本地基础设施改善获得的正效应。如果正效应大于负效应,那么通过基础设施的改善可以重新吸引资本流入本地。极端情况下,如果两国或者两地区的基础设施都极好($\rho_D\to 0$),那么从式(5.9)也可以发现$K<n$,即资本从其他国家或者地区流入本国。

上述是关于本国或本地区基础设施的改善带来的效用分析,如果区域间的基础设施改善了,资本又将如何流动呢?类似地,假定基础设施由第三方提供资金。可以得到:

$$\frac{\partial n}{\partial g_I}=\frac{n-n^*}{2}\frac{\rho_D\rho_D^*-\rho_I^2(\rho_I^*)^2}{\rho_I(\rho_D-\rho_I\rho_I^*)(\rho_D^*-\rho_I\rho_I^*)} \quad (5.11)$$

如果$\rho_D<\rho_D^*$或者说初始的n小于n^*,那么式(5.11)的值为负。这就表明,区域或者国家间的基础设施改善,进一步导致资本从贫瘠的国家流向丰裕的国家。

自由资本模型有着丰富的内涵,资本的流向可能并非像通常所认为的那样,从发达的国家或者地区流向欠发达的国家或地区。当然,对于欠发达的国家或区域来说,还是可以改变资本的流向的,那就是通过改善本国或者地区的基础设施来实现。此外,如果国家或区域一体化水平进一步提高(改善了国家或区域间的基础设施),可能出现不利于欠发达地区或国家的情形,资本进一步地流向发达国家或区域,这一点值得引起重视。

第二节 资本跨国流动理论

资本跨国流动的目的很明确,即获得更高的收益。在没有流动限制的条件下,资本在哪里的收益更高,资本就将流向哪里。相对于区域间资本的流动,国与国之间资本的流动影响的因素更多,因而相关研究也更为丰富。按照资本流动的方式来分,资本跨国流动可以分为金融资本和实物资本的直接投资。与上一章相类似,本教材关注的是有着生产行为的直接投资部分。① 但即便是将介绍的范围大幅缩小,内容也是较多的。比如就跨国投资生产的动机而言,就可以分为寻求资源、市场、效率以及战略资产等各种类型。② 本节将重点介绍两个与本学科关联性较高的模型,麦克杜格尔-肯普模型和卡尔德龙-罗塞尔模型。

一、麦克杜格尔-肯普模型

1960年,麦克杜格尔发表《国外私人投资的成本与收益:理论分析》一文,试图评估国外私人投资对一国(这里分析的是澳大利亚)实际收入等的影响。③ 该模型属于局部静态模型,难以评估资本流动对母国、东道国甚至于整个经济系统的影响,肯普在1964年对此进行了拓展。④ 由于两个模型具有较强的关联性,因此通常被称为"麦克杜格尔-肯普模型"。⑤

(一) 基本假设

麦克杜格尔模型从严格的假设开始,逐步放松了分析。模型最初的基本假设包括10个方面:① 保持充分就业(恒定);② 不考虑征税问题;③ 劳动力的规模与国外投资资本(下文称"外资")存量不相关;④ 国内的资本(下文称"内资")拥有量与外资的存量无关;⑤ 没有外部经济;⑥ 生产的规模报酬不变;⑦ 市场是完全竞争的;⑧ 外资的数量对贸易条件贸易影响;⑨ 国际收支平衡不受影响;⑩ 外资的增加不会影响到政策改变。除了这些假设外,模型中还假设了资本存量的变化较小等。

(二) 模型分析

图5-1为麦克杜格尔模型示意图,横轴为资本存量,纵轴为资本的边际产出。假定初始的资本存量为 AC(其中 AB 是内资,BC 是外资),则内资总收益为 $ABEF$,外资总收益为 $BCDE$。由于总产出为 $ACDG$,因此 GDF 这个三角形部分即为总工资。

---

① 相关资本跨国投资,比如长期资本流动(如债券、股票等)和短期资本流动(如套利投机等),这些并非教材关心的内容。
② 详见 Dunning and Lundan(2008)。
③ MacDougall, G. D. A., "THE BENEFITS and COSTS OF PRIVATE INVESTMENT FROM ABROAD: A THEORETICAL APPROACH*", *Economic Record*, 1960, 36(73), 13-35.
④ Kemp, M. C., "The Benefits and Costs of Private Investment from Abroad: comment", *Economic Record*, 1962, 38(81), 108-110.
⑤ M.C. (1964), The pure theory of international trade (Englewood Cliffs, Prentice-Hall).

第五章 资本区际流动理论

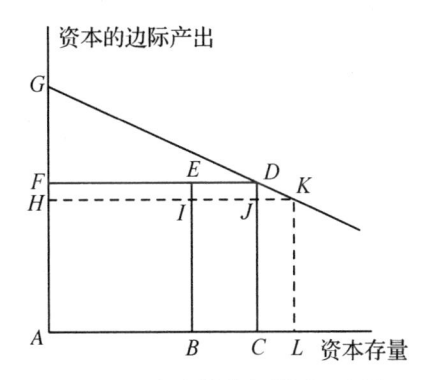

图 5-1 麦克杜格尔模型示意图

假定外资增加了 CL，那么均衡时的边际产出将发生变化，利率也随之发生变化。进而，总工资和内外资的收益也将随之发生变化。考虑外资的需求弹性情况，外资的增加会带来总收益的增加（JKCL-EDIJ）。但是，内资因为收益率的下降，总收益出现了下降，从 ABEF 降到了 ABIH。随着外资的流入，劳动力总收益出现了增加，其中 FDJH 部分属于收益的让渡，DKJ 部分属于因生产扩大而额外获得的部分。如果从国家的角度来看，外资的流入带来了资金流入国（东道国）总收益的增加，该国劳动力从中获得了更多收益，该国的内资收益受到了损失。在外资需求弹性足够大时，外资流出国（母国）的收益也增加了。至于东道国和母国谁获得更多的收益，则取决于东道国对资金的需求弹性。

（三）模型拓展：从东道国分析到两国分析

麦克杜格尔模型假定外资是外生给定的，因此属于静态的分析。并且，该模型只是探讨了资本流入国的情况，因而对资本流动的分析是不够全面的。肯普在 1962 年和 1964 年对该模型进行了拓展，将该模型从对东道国一国的分析拓展到对母国和东道国两国的分析。[1]

假设东道国的资本数量为 K，劳动力的数量为 L，获得投资的资本数量为 Z，流出的劳动力数量为 M（如果小于 0，意味着劳动力流入）。[2] 设两国初始的劳动力数量比 $b=L/L^*$，要素流动后的资本-劳动力比：

$$\begin{cases} c=(K+Z)/(L-M) \\ c^*=(K^*-Z)/(L^*+M) \end{cases} \tag{5.12}$$

对应地，设定两国的生产函数分别为 $f(c)$ 和 $g(c^*)$，并且满足新古典生产函数性质的假定。[3] 完全竞争的市场中，两国的资本收益分别为 $r=f'(c)$ 和 $r^*=g'(c^*)$，两

---

[1] Kemp, M. C., "The Benefits and Costs of Private Investment from Abroad: comment", *Economic Record*, 1962, 38(81), 108-110.
[2] 人均数量，用对应的小写字母表示；上标 * 代表东道国的数量。
[3] $f'>0, f''<0, f(0)=0$。

国劳动力的工资分别为 $w=f(c)-cf'(c)$ 和 $w^*=g(c^*)-c^*g'(c^*)$。假定收入全部归本国居民所有,在资本市场和劳动力市场空间均衡时,两国的资本收益和工资水平相同,即 $r=r^*$ 以及 $w=w^*$,由此得到资本的流动量 Z 和劳动力的流动量 M。那么,在要素流动中,两国从中获得的收益水平又是怎样的呢?这里,给出麦克杜格尔-肯普模型示意图,如图 5-2 所示。

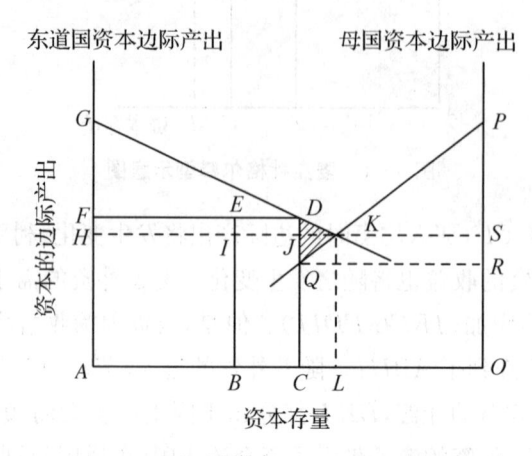

图 5-2 麦克杜格尔-肯普模型示意图

图 5-2 在图 5-1 的基础上,添加了资本流出国。AO 为两国资本存量的总量,初始东道国资本存量为 AC,母国资本存量为 OC。初始时,东道国的总产出为 $ACDG$,资本收益率为 AF;均衡时,东道国的总产出为 $ALKG$,资本收益率为 AH。再来看母国的情况,初始时母国的总产出为 $OCQP$,资本的收益率为 OR;均衡时,母国的总产出为 $OLKP$,资本的收益率为 OS。均衡时,两国的资本收益率相同,$AH=OS$。对初始状态和均衡状态进行比较,不难发现,资本流出的母国资本收益率上升,而资本流入的东道国资本收益率下降。此外,东道国总产出增加了 $CLKD$,母国总产出减少了 $CLKQ$,整个两国产出净增加 QKD(图中阴影部分面积)。换句话说,资本流出后,母国的总产出下降了,东道国的总产出上升了。

那么,母国是否因为资本流出出现了福利下降呢?事实上并没有。母国的资本流出后,母国的总收益反而增加了 QJK 部分。资本的收益率由原先的 OS 上升到了 OR,资本的总收益增加了 $QRSJ$。总收益的增加来源于两部分,一部分是劳动力的收益减少的 $QRSK$,另一部分是因为资本在东道国收益率更高而获得的收益。如果将资本收益率增加的部分,转移给劳动力收益减少的部分,最终母国从资本流动中获得了额外收益为 QJK。同样,正如麦克杜格尔模型的分析结果一样,东道国的总收益增加了 DKJ。至于两国在资本流动中谁获得更多的收益,则取决于东道国和母国的资本需求弹性。由于母国的资本需求弹性可以看作是东道国的资本供给弹性,因此如果只是提取出图 5-2 中的部分,可以通过弹性的分析获得资本流动中两国收益的大小。如果东道国资本收益的需求弹性大于母国资本供给的弹性,那么母国将从资本流动中获得更高的收益;反之,则反是。

从麦克杜格尔-肯普模型中可以看出,资本流动会带来国民收入的增加,但是资本流出国的国内生产总值是下降的,流入国的国内生产总值是上升的。由于资本的流出带来了两国资本收益率的均等化,因而资本的流出变得更加具有效率。资本丰裕的国家或者地区通过对外投资,无论是流出的资本还是继续留在本国的资本都获得了更高的收益率,但本国的劳动力收益受到了损害。与此同时,劳动力丰裕的国家或者地区在吸引外资后,劳动力获得了更高的收益,而资本的收益率出现了下降。由于两国在资本流动中的福利都是增加的,因此资本流动也是各国或者各地所支持的。但需要注意的是,在国家福利增加的同时,两国需要在内部对劳动力和资本的收益进行平衡,以促进资本的流动。

二、卡尔德龙-罗塞尔模型

从外部环境来看,资本的跨国流动和国内跨区流动所面临的环境是完全不同的。卡尔德龙-罗塞尔指出,尽管外商直接投资的理论发展较为迅速,但很多理论其实只是国内投资的延续。要么忽略了国际经济学的特性,要么不能解释是什么样的因素导致企业出口或者跨国投资。[①] 因此,卡尔德龙-罗塞尔提出融入汇率变化和生产成本的理论模型,这里称之为"卡尔德龙-罗塞尔模型"。

(一) 模型假设

卡尔德龙-罗塞尔模型是一个两国跨国企业模型,母公司在母国生产,子公司在国外生产。为了简化,该模型假设生产是瞬时完成的,并且完全可分。假设运输成本是可以忽略的,并且收益和成本同时发生。与海默-金德尔伯格模型一样,该模型还假定跨区企业是垄断竞争的。所不同的是,该模型假定国家之间的货币可以自由兑换,但有着波动的汇率。这就带来了一个新的问题,即国际资本的流动存在汇率风险的问题。为此,该模型设定本国货币兑换外国货币的汇率均值为 $\overline{R}$,汇率面临的风险采用汇率的方差来表示,记作 σ_R。

设定本国的生产成本为 c_1,外国的生产成本为 c_2;本国生产的产品产量为 q_1,外国生产的产品产量为 q_2;本国的产品需求为 s_1,外国的产品需求为 s_2。企业在国外设立子公司的目的,是在两个市场上能够获得最大的预期收益。在不失一般性的情况下,假设企业更偏好采用本国货币结算。企业利润最大化时,则有:

$$\max U(\overline{\pi}, \sigma), \text{s.t.} q_1 + q_2 = s_1 + s_2 \tag{5.13}$$

[①] CALDERÓN-ROSSELL, J. R., "TOWARDS THE THEORY OF FOREIGN DIRECT INVESTMENT", *Oxford Economic Papers*, 1985, 37(2), 282-291.

其中：①

$$\begin{cases} \bar{\pi} = p_1(s_1)s_1 - c_1q_1 + \bar{R}[p_2(s_2) - c_2q_2] \\ \sigma = \sigma_R[p_2(s_2) - c_2q_2]^2 \end{cases} \tag{5.14}$$

（二）模型分析

资本外流的目的是获得更高的利润，最为常见的方式就是在国外生产。对于跨国企业而言，企业需要在国内国外两个市场上生产和销售，因此首先需要确定选择在国内和国外各生产多少。

当两国生产成本相同时，即 $c_1 = \bar{R}c_2$，跨国企业会选择在两国同时生产而不进出口，以避免汇率波动带来的风险。根据式(5.14)，利润最大化和零利润条件下，得到此时国外生产的产品产量：

$$q_2^0 = \frac{p_2(s_2)}{c_2} \tag{5.15}$$

但如果两国生产的成本不同，即 $c_1 \neq \bar{R}c_2$ 时，跨国企业将会选择在国外生产更多或者更少，此时国外生产的最优产量或者投资部分设为 q_2^*，从而，国外超出生产或投资的部分 $\Phi^* = q_2^* - q_2^0$。如果 $c_1 > \bar{R}c_2$，$\Phi^* > 0$；反之，则反是。企业在两个市场生产和销售，设定 s_2^* 为国外消费的部分，本国进口的部分或者国外出口的部分为：$M_{1,2}^* = q_2^* - s_2^*$。将式(5.15)以及 $\Phi^* = q_2^* - q_2^0$ 代入，得到：

$$M_{1,2}^* = \frac{p_2^* - c_2}{c_2} s_2^* + \Phi^* \tag{5.16}$$

从式(5.16)可以看出，如果国外的生产成本更低，那么国外的生产不仅提供给国外市场，同时还出口给国内市场。国外的生产成本相对国内生产成本越低，国外的生产或者投资越多。汇率风险的存在和国外更低的生产成本，促进跨国企业选择对外直接投资来替代出口。

图5-3为最优国外生产或者投资图，横轴为国外生产或者投资量，纵轴为企业的效用（最大化的收益）。$U(\bar{\pi}, \sigma)$ 为面临汇率风险时企业的预期收益，$U(\bar{\pi}, 0)$ 为无风险时企业的预期收益。无汇率风险时，企业在国外生产的最优产量或者投资为曲线 $U(\bar{\pi}, \sigma)$ 与曲线 $U(\bar{\pi}, 0)$ 的切点，即为 q_2^0。有汇率风险时，企业在国外生产的最优产量或者投资为曲线 $U(\bar{\pi}, \sigma)$ 的最高点，即为 q_2^*。将汇率风险和无汇率风险的情况进行对比，可以发现国外生产或者投资额外增加了 $q_2^* - q_2^0$。换句话说，国

---

① 原文中是 $p_1(s_1)$，应为 $p_1(s_1)s_1$。

外的生产成本更低促进了企业选择跨国投资,而汇率的风险存在进一步促进了跨国投资。

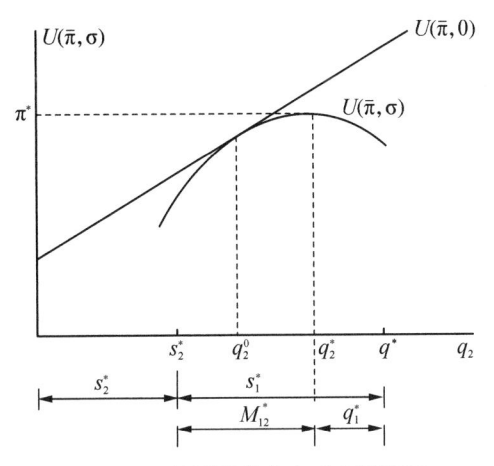

图 5-3 最优国外生产或者投资图

本章小结

资本是逐利的,因而资本在空间的流动也是普遍的。资本的流动形式是多样的,其中主要用于生产投资。尽管关于资本流动的理论中对影响资本流动的因素的介绍内容极为丰富,但无论是什么理论,最终都将回到探讨资本的实际回报率上。本章重点介绍了资本的跨区流动理论和资本的跨国流动理论。

资本的跨区流动障碍通常较小,因而本章第一节首先介绍了韦伯资本流动模型和自由资本模型。韦伯资本流动模型指出,在存在流动障碍时或者规模经济时,如果两地区资本积累率相同,只要两地区资本收益率不同,那么资本总是由收益率较高的地区流向收益率较低的地区。马丁和罗杰斯的自由资本模型则指出,由于资本丰裕地区具有较强的规模经济,并且规模经济效应超过了经济效应,因而资本反而是从贫瘠的国家或地区流向资本丰裕的国家或地区。国家或者区域间的基础设施改善,可能会导致资源进一步从欠发达国家或者地区流向发达国家或者地区。

跨国资本的流动通常面临更大的障碍,尽管如此,跨国资本流动仍然是普遍的。本章第二节介绍了麦克杜格尔-肯普模型和卡尔德龙-罗塞尔模型这两个跨国资本流动模型。麦克杜格尔-肯普模型认为,两国的资本边际产出(资本边际效率)不同,导致资本出现了国际流动。在资本的流动过程中,内资和外资的资本收益出现了变化,两国劳动力的工资也发生了变化,但两国都从资本流动中获益。卡尔德龙-罗塞尔模型认为,国外生产成本更高以及汇率的风险都是推动国际资本流动的重要原因。

毫无疑问，资本流动是影响地区经济发展的重要因素。但就地区经济发展而言，更加关注以生产方式形成的长期资本投资。因为这样，区域经济学中关于资本流动的理论模型反而不多见。本章在介绍资本流动理论时，结合了区域经济研究和国际经济研究中的理论模型，从中探讨资本流动的成因以及影响等。这些模型不像劳动力流动的模型那样精准，但也可以清晰地阐述资本流动的过程。在下一章中，将介绍技术的空间溢出模型。

第六章 技术区际溢出理论

书籍是人类进步的阶梯,也是知识传播最主要的载体。人类的文明与发展,离不开知识的积累,更离不开知识在空间上的传播与扩散。随着科技的快速发展,知识和技术传播范围正在不断扩大,知识和技术传播的速度正在不断加快。

在经济增长理论中,技术进步是引起经济增长的重要因素。从干中学到研发,再到人力资本存量的增长,经济学家一直在尝试着寻求经济增长的内生动力。尽管增长经济学家们早已认识到知识的溢出是增长的一个重要内生机制,但对于知识在企业和个人中的传播机制研究却不多见。从区域经济学的角度来看,技术的进步既可以源于区域内自身的创造,也可以源于区域外的溢出和转移。换言之,知识的生产和技术的溢出是有空间维度的。知识和技术的溢出,源于知识和技术的非排他性以及非竞争性的用途,因此知识和技术的溢出没有必要受到边界的约束。地理的邻近更加容易实现知识和技术的溢出,即便如此,知识的溢出也并非完全的,知识和技术的溢出会随着地理距离和经济距离的增加而衰减。本章主要介绍技术空间溢出理论和技术溢出生产率理论。

第一节 技术空间溢出理论

创新在空间上的扩散是不完全的,或源于空间距离带来的信息障碍,或源于对创新工作的保护。这就造成了创新在空间的差异,进而导致地区在创新能力和技术水平上的差距凸显,引起地区经济增长的分异。通过技能劳动力、企业家、外资企业以及商品的贸易,创新被传播到世界各个角落。然而,由于地区间的地理距离和经济水平等不同,各地区接受的创新并不相同,在不同地区和不同部门技术进步的速度也不同。那么,技术是以怎样的形式在空间传播的呢?本节重点从技术溢出的两类不同载体出发,分别介绍以劳动力为载体的哈格斯特朗扩散模型和以跨国企业为载体的凯勒技术溢出模型。

一、哈格斯特朗扩散模型

1953,哈格斯特朗在他的论文中开创性地提出了的空间扩散理论,认为创新存在一个空间扩散的过程。① 但他的研究并未立即得到美国同行的认可,直至他到华盛达大学任教。1965年,他发表了《扩散的蒙特卡洛方法》一文,进一步丰富了空间扩散理论。②

哈格斯特朗认为,技能劳动力(工作中的人)是技术空间扩散的主要载体。由于联系的网络以本地化为主,因此创新具有局部性。并且,多数人的"信息场"是有本地偏向的,即对近距离的信息获得更多,因而有着较强的"邻里效应"。哈格斯特朗的技术溢出模型实际上有三个,在模型得不到验证后发展出了第二个和第三个模型。模型1假设所有人都知道创新的存在,并且接受创新是独立随机的;模型2假设创新知识由私人传播,信息随着距离的增加而衰减,信息能够立刻被接受,引入了"平均信息场"的概念;模型3假设创新会受到部分抵制,而抵制影响着创新最终的扩散。由于第三个模型是哈格斯特朗模型的最终模型,也是最符合现实的模型,因此这里主要介绍第三个模型。

(一)基本假设

给定初始的创新已接受者以及人口(潜在接受者)的分布,扩散将如何发生呢?哈格斯特朗提出了以下五个方面的假设:第一,将时间(如年)和区域切分,分成多个时间段和规则的地理单元;第二,在不同的时间段,已接受者与潜在接受者之间存在一定的接触;第三,采用"平均信息场"来描述已接受者与不同的距离和方向潜在接受者接触的概率;第四,"平均信息场"会受到物理障碍(如湖泊或山脉)的影响;第五,潜在接受者在接受创新扩散知道与多少位已接受者进行了接触。③ 并且,这样的过程,在每一个时间段都需要重复。

(二)模型分析

哈格斯特朗对创新扩散的分析包括时间维度和空间维度。从时间维度来看,创新的扩散呈现出"S"型,如图6-1所示。在最初阶段,接受者的数量较少,扩散速度较慢;在只剩少数潜在接受者时,扩散的难度同样很大。从空间角度来看,创新的扩散模式包括层级式扩散和传染病式扩散,两者是同时发生的。④ 具体路径如图6-2所示,⑤包括以下几个:① 少数国家中心间的扩散;② 中等规模的区域中心间的扩散;③ 从国家、区域和地方的这些中心点向周边更小的地区扩散。

[①] Hägerstrand, T., Innovation Diffusion as a Spatial Process. Chicago: The University of Chicago Press, 1967.
[②] Hägerstrand, T., "A Monte Carlo Approach to Diffusion", *European Journal of Sociology / Archives Européennes de Sociologie*, 1965, 6(1), 43-67.
[③] Morrill, R., Gaile, G. L., & Thrall, G. I. (1988). Spatial Diffusion. Reprint. Edited by Grant Ian Thrall. WVU Research Repository, 2020.
[④] 所谓层级式扩散,是指扩散按照城市的等级扩散;而传染式扩散,是指扩散按照地理距离进行扩散。
[⑤] Morrill, R., Gaile, G. L., & Thrall, G. I. (1988). Spatial Diffusion. Reprint. Edited by Grant Ian Thrall. WVU Research Repository, 2020.

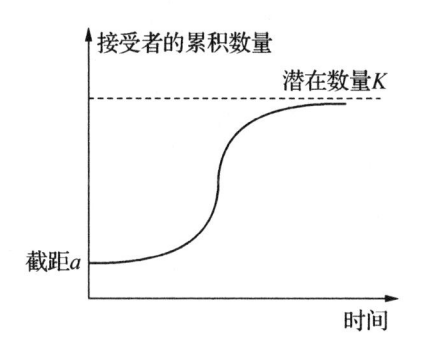

图 6-1 创新在时间上的扩散示意图

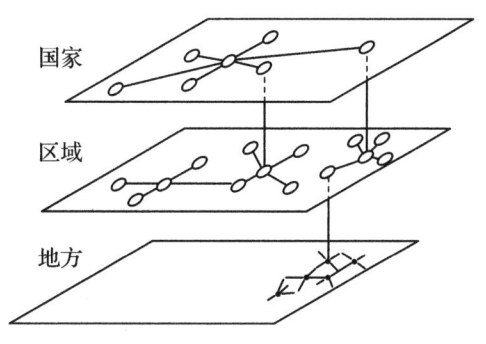

图 6-2 创新在不同尺度下的扩散示意图

按照时间和空间上扩散的规律,创新的扩散可以分为三个阶段:第一个阶段为创新扩散的"接受阶段",扩散发生在少数中心城市,如图 6-3(a)所示;第二个阶段为创新扩散的"扩散阶段",层级效应和邻里效应同时发生作用,扩散普遍发生,如图 6-3(b)所示;第三个阶段为创新扩散的"饱和阶段",创新的空间扩散随机发生。

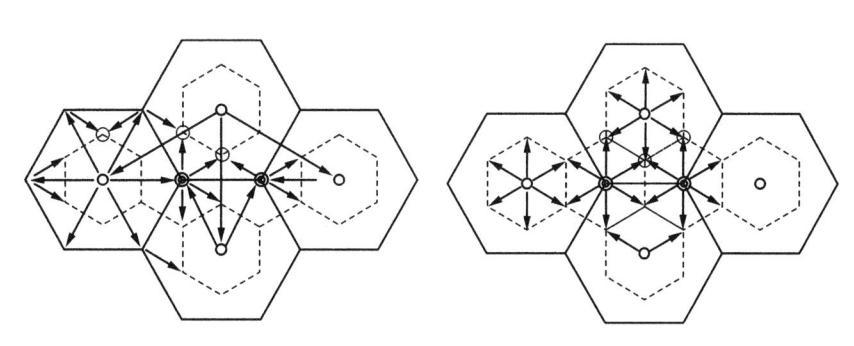

(a)城市的等级扩散效应　　(b)传染性扩散:相邻效应
○ 城市等级为 n　　◎ 城市等级为 $n-1$　　○ 城市等级为 $n-2$

图 6-3 创新扩散路线示意图

(三) 模型拓展:创新的时空扩散波

哈格斯特朗模型出现后,引起了广泛的关注,并且在农业技术扩散、谣言传播、移民等领域得到了应用。在哈格斯特朗模型中,有关扩散波的研究是不足的,因此一些关于扩散的现象仍然难以解释。为此,莫里尔对哈格斯特朗模型进行了梳理与扩展研究。设定创新接受随时间变化为逻辑斯蒂曲线,典型的:

$$p(t) = \frac{k}{1 + a e^{-bt}} \tag{6.1}$$

式中,$p(t)$ 是 t 时接受创新的比例,k 是接受创新可能的极大值,a 是常数。

类似地,随着地理距离的增加,创新接受的程度也在发生变化。对应地,设定创新接受随地理距离变化的函数 $p(d) = a e^{-db}$,其中,d 为地理距离,b 为创新的吸收率。创新接受在时间和空间上的扩散用三维图像可以表示为图 6-4。

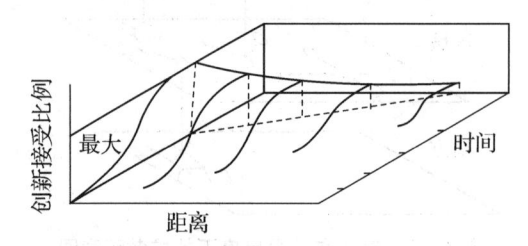

图 6-4 创新在时间和空间上的接受比例

资料来源:Morrill(1968)。

众多的研究对哈格斯特朗模型进行了拓展,主要包括三个方面:[①]第一,关于概念的阐述和延伸,比如平均信息场、扩散壁垒和阻力以及空间扩散的一些特征变量;第二,关于扩散的核心概念,比如探索替代的扩散模型、层级扩散过程以及空间扩散和相互作用之间的关系;第三,关于扩散范畴的拓宽,比如从传播者、市场和基础等角度谈论扩散。这些拓展的模型进一步丰富了哈格斯特朗模型,但受于篇幅的限制这里不详细展开。

二、凯勒技术溢出模型

在哈格斯特朗模型中,创新通过接受者向潜在接受者传导,实现了创新的空间扩散。不仅劳动者(或者技能劳动力)会推动创新的传播,企业同样也是创新的重要传播者。通过商品贸易、建立分公司或者迁移等多种方式,企业可以推动创新在空间上的传播。相比较创新的空间传播,企业更加关注外部性带来的技术空间溢出。其中,以凯勒 2010 年发表在《创新经济学手册》中《国际贸易、外商直接投资和技术扩散》一

[①] Morrill, R., Gaile, G. L., & Thrall, G. I. (1988). Spatial Diffusion. Reprint. Edited by Grant Ian Thrall. WVU Research Repositroy, 2020.

文最具代表性,这里重点介绍凯勒的技术溢出模型。[①]

(一) 基本假设

在构建具体模型前,首先需要明确两件事:第一,技术的扩散需要通过信息或者知识的形式去生产的;第二,企业可以同时开展国际贸易和对外直接投资。这样,就可以通过外部性来建模。[②]

假设有$(K+1)$个国家,并且有一定单位的劳动力以及N_{ik}单位的掌握生产技术的企业家。假定各国的消费者对产品具有相同的偏好,设定消费者的效用函数:

$$U = \sum_{i=1}^{I} \Phi_i \ln \left[\int_{\omega \in \Omega_i} q_i(\omega)^{(\sigma-1)/\sigma} d\omega \right]^{\sigma/(\sigma-1)} + \left(1 - \sum_{i=1}^{I} \Phi_i\right) \ln Y \quad (6.2)$$

式中,Ω_i为i产业中的产品种类数,$q_i(\omega)$为产品ω的消费量,σ为i产业的需求替代弹性,Y是同质产品消费量,Φ_i是i产业的支出占消费总支出的比重。

各国采用单位劳动力生产同质产品,并且假定同质品在国家间贸易没有贸易成本,因此各国的工资水平相同。假设企业规模太小,无法影响到产业层面的需求,因此k国对ω产品的需求量设定为:

$$q_k(\omega) = B_{ik} [p_k(\omega)]^{-\sigma} \quad (6.3)$$

式中,B_{ik}是内生的k国i产业加成价格需求水平,$p_k(\omega)$是k国对ω产品的价格水平。

每个企业采用复杂中间品组装生产最终品,其生产函数为:

$$x_i = \exp\left\{ \int_0^{\infty} \beta_i(z) \ln\left[\frac{m(z)}{\beta_i(z)}\right] dz \right\} \quad (6.4)$$

式中,$m(z)$是中间品z的使用数量,$\beta_i(z)$是i产业中使用中间品z生产的成本比重,z同时代表复杂的等级。[③]

更进一步地,设定$\beta_i(z) = \phi_i \exp(\phi_i z)$,$i$产业平均的技术复杂度为$1/\phi_i$。企业在$k$国生产产品所需要投入的中间品,可以是在母国生产,也可以在东道国k国生产。如果在母国,运输中间品到东道国k国,存在冰山贸易成本τ_{ik};如果在东道国生产,母公司和子公司的沟通成功率(技术转移率)设为$\tilde{\lambda} \in (0,1)$,生产1单位中间品$z$需要劳动力的数量为$\exp(\lambda z)$。其中,$\lambda = -\ln\tilde{\lambda}$,表示的是技术转移的无效率成本。

(二) 模型分析

根据上文的假设,企业需要在运输成本和技术转移成本之间做出权衡。在母公

---

① Keller, W., "International Trade, Foreign Direct Investment, and Technology Spillovers", in Hall, B. H. and N. Rosenberg, Handbook of the Economics of Innovation, North-Holland, 2010, 793-829.
② 按照科勒的说法,进口的中间品使用了外国的生产技术,因此从某种意义上来说存在技术的扩散。并且,这一问题也是国家贸易影响国际技术扩散的核心问题。
③ 比如,等级为z的生产技术,需要z道工序。因此,等级越高的生产,需要更高的投入,转移时也会带来更多的信息损失。

司向子公司转移技术时,由于沟通成本和技术保护的存在产生了技术转移成本。母公司可以在母国生产好中间品,但需要支付运输成本;或者将技术转移到国外,但存在技术转移成本。因此,跨国公司需要在技术转移成本和运输成本之间做出权衡。如果中间投入品的复杂等级相对较高,即 $z > \ln(\tau_{ik})/\lambda$,在母国生产;$z = \ln(\tau_{ik})/\lambda$,两国都可以生产;$z < \ln(\tau_{ik})/\lambda$,在东道国生产。东道国 k 国中间品边际成本:

$$c_{ik} = \begin{cases} \tau_{ik} \\ \exp(\lambda z) \end{cases} \tag{6.5}$$

式(6.5)中的第一式是东道国进口中间品的边际成本,第二式是东道国子公司生产中间品的边际成本。均衡时,

$$\bar{z} = \ln(\tau_{ik})/\lambda \tag{6.6}$$

由式(6.6)得到,$d\bar{z}/d\tau_{ik} > 0$ 和 $d\bar{z}/d\lambda < 0$。假定产业的技术复杂度分布给定,那么地理距离越远、技术复杂性越低,$\bar{z}$ 值越高,有更多的中间品在东道国生产;地理距离越近、技术复杂性越高,$\bar{z}$ 值越低,更多的中间品在母国生产。而随着地理距离的增加,进口商品的平均技术复杂度也将增加。根据式(6.3)、式(6.5)以及式(6.6)得到:

$$C_{ik} = \exp\left\{\frac{\lambda}{\phi_i}\left[1 - (\tau_{ik})^{-\varphi_i/\lambda}\right]\right\} \tag{6.7}$$

对式(6.7)求子公司成本关于贸易成本 τ_{ik} 的弹性系数,得:

$$\varepsilon_{\tau_{ik}}^{C_{ik}} = \exp\left(-\frac{\phi_i}{\lambda}\ln \tau_{ik}\right) \tag{6.8}$$

根据谢泼德引理,式(6.8)实际上表示子公司从母公司进口中间品占总成本的比重。如果进口的比重下降,即东道国生产将增加,FDI 增加,技术溢出增加;反之,则反是。从式(6.8)可以判断,技术转移成本 λ 下降、技术复杂度降低(ϕ_i 增加)以及运输成本降低,都将带来技术在东道国的溢出增加。地理距离的增长带来运输成本的增加,这也表明,随着地理距离的增加,技术在空间上的溢出下降。

凯勒对技术在空间上的溢出进行了系列的研究,比较有代表性的观点包括技术溢出存在半衰距离,大约在 1 200 千米。在此基础上,凯勒提出了技术转移也是存在成本的,企业需要在运输成本和转移成本之间做出权衡,即本文提到的"凯勒技术溢出模型"。相对于有形的商品或者要素,技术虽然不存在运输成本,但存在交流传递的成本。由于向偏远地区转移技术的成本相对较高,因此技术扩散随着距离的增加而减少。

哈格斯特朗模型和凯勒技术溢出模型有很多相似之处,两者都注重地理距离对创新扩散或者技术溢出的影响。当然,这两个模型有不同的侧重点。前者强调技能

劳动力(工作中的人)是创新扩散的主要载体,后者则更加强调跨国企业是技术溢出的主要载体;前者侧重于创新空间扩散的路径,后者更加侧重于地理距离的增加对技术空间溢出的影响。

第二节 技术溢出生产率理论

从哈格斯特朗模型和凯勒技术溢出模型中,可以掌握技术如何通过劳动力或者企业在空间溢出。那么,这些创新的扩散或者技术的溢出,又将如何影响地区经济发展呢?在具体谈论区域经济发展问题前,有必要对资本进行回顾。经济学中的资本是宽泛的,包括物质资本(如机器设备)、人力资本(如技能)和知识资本(如技术)等。在技术溢出生产率理论中,人力资本和知识资本不断地被创造出,同时产生空间的溢出。从企业的层面来看,技术溢出影响着边际投入,从而影响着企业的生产效率。本节从技术扩散和技术接受两个不同的角度出发,分别介绍马丁-奥塔维诺的全域和局域溢出模型和诺科技术接受模型。[①]

一、马丁-奥塔维诺模型

1999年,马丁和奥塔维诺在《增长区位:产业区位内生增长模型》一文中构建了产业区位的内生增长模型,该模型对研发的全域溢出和局域溢出进行了详细的分析。[②] 2001年,鲍德温、马丁和奥塔维诺进一步丰富了该模型,重点分析了经济增长的部分。[③] 考虑到本章主要介绍技术在空间上的溢出,这里介绍马丁-奥塔维诺模型中的全域和局域技术溢出。

(一) 模型假设

假设模型为2×2×2模型,即两个地区、两部门和两要素模型。两地区为北方地区和南方地区,两部门分别为规模报酬不变的农业部门和规模报酬递增的工业部门,生产同质农产品和差异化工业品,两种要素为劳动力和资本(购买专利)。[④] 两地区初始劳动力的数量相同,设定为L;北方比南方更加富有,即$K_0 > K_0^*$。假定工业品在两地区间贸易存在冰山交易成本τ,其他商品贸易不存在成本。代表性消费者的效用函数为:

[①] 根据技术溢出的空间范围,Baldwin et al.(2003)将技术溢出的内生增长模型分为全域溢出模型(global spillovers model,GS)和局域溢出模型(localised spillovers model,LS)。

[②] Martin, P. and G. I. P. Ottaviano, "Growing locations: Industry location in a model of endogenous growth", *European Economic Review*, 1999, 43(2), 281-302.

[③] Baldwin, R. E., P. Martin and G. I. Ottaviano, "Global income divergence, trade, and industrialization: The geography of growth take-offs", *Journal of Economic Growth*, 2001, 6(1), 5-37.

[④] 南方与北方对应的变量,采用上标*表示。

$$\begin{cases} U = \int_0^\infty \log[D(t)^\alpha Y(t)^{1-\alpha}] e^{-\rho t} dt \\ D(t) = \left[\int_{i=0}^{N(t)} D_i(t)^{1-1/\sigma} \right]^{1/(1-1/\sigma)} \end{cases} \quad (6.9)$$

式中，$D(t)$为代表性消费者工业品组合的消费数量，$Y(t)$为代表性消费者农产品的消费数量，α为工业品组合占比，ρ为贴现率，σ为工业品间的替代弹性。

消费者的预算约束函数为：

$$\int_{i \in n} p_i D_i d_i + \int_{i \in n} \tau p_j^* D_j d_j + Y = E \quad (6.10)$$

式中，p_i和p_j^*分别为北部地区和南部地区工业品的出厂价格，Y为农产品的总支出，E为消费总支出。

设定农产品生产需要使用单位劳动力，单位化处理，$w=1$。工业品的生产需要使用专利技术，假定专利在区域的流动没有成本。并且生产过程中，每个企业还需要使用β的劳动力作为边际投入。那么，资本收益率(专利价格)就是工业企业的经营利润：

$$\pi = w\beta/(\sigma-1) \quad (6.11)$$

资本市场无套利条件为：$\beta x/(\sigma-1) + \dot{v} = rv$。其中，$v$为企业价值，$\dot{v}$为$dv/dt$。跨期支出欧拉方程满足$\dot{E}/E + \rho = r$，均衡时，$r=\rho$。此外，均衡时北部地区工业企业数(专利数)的比重为：

$$\gamma = \frac{n}{N} = \frac{E - E^* \delta}{(1-\delta)(E+E^*)} \quad (6.12)$$

式中，$\delta = \tau^{1-\sigma}$为贸易自由度，n为北部地区的专利数，N为两地区的专利总数。

(二) 全域溢出分析

全域和局域溢出模型中假定存在一个资本(专利)创造部门，随着专利的积累增加，创造新专利的成本出现了下降。所不同的是，全域溢出模型中专利的溢出强度不受空间距离的影响，而局域溢出模型中专利的溢出强度受到空间距离的限制。

假定创造新专利需要雇佣η/N单位劳动力，专利创造部门为完全竞争部门。随着专利数N增加，创造新专利的成本越来越低。均衡时，工业企业的价值(企业经营利润)等于专利的价值，即$v=\eta/N$，并且两地相同。要素市场和产品市场出清时，两地区专利数和企业数K、K^*以及N的增长率为：

$$g = \frac{2L}{\eta} \frac{\alpha}{\sigma} - \left(\frac{\sigma-\alpha}{\sigma}\right)\rho \quad (6.13)$$

从式(6.13)可以看出，专利的增长率仅与劳动力的总量有关，而与地区的企业数量n以及交易成本τ没有关联。对应地，北部地区的工业企业数占整个经济系统中工业企业数的比重为：

$$\gamma = \frac{n}{N} = \frac{(1-\delta)L + \rho\eta[k - \delta(1-k)]}{(1-\delta)(2L + \rho\eta)} \tag{6.14}$$

式中，$k = K/N$。均衡时，净资本流动（外商直接投资）为：

$$\frac{\mathrm{d}n}{\mathrm{d}t} - \frac{\mathrm{d}K}{\mathrm{d}t} = g(n - K) = \frac{g(K - K^*)}{(1-\delta)(2L + \rho\eta)}[\rho\eta\delta - L(1-\delta)] \tag{6.15}$$

从式(6.13)可以发现，专利成本 η 的下降，将会导致专利数增长率 g 的提高，创造了更多的新工业企业。而新企业的出现，直接降低了企业的垄断势力，进而降低了两地区间的收入、市场差距以及北部地区向南部地区净流出的企业数。需要注意的是，由于专利技术在全域溢出，因而南部地区获得了技术溢出。与科勒技术溢出模型不同的是，这里的技术溢出是地理空间上的全部溢出，并不需要通过外商直接投资带来。因此，外商直接投资在这里的作用发生了变化，主要体现在影响着地区的经济发展水平。

（三）局域溢出分析

全域溢出模型中认为，技术溢出不随空间距离变化而变化，因此研发的成本在两个地区是一样的。但是，正如科勒技术溢出模型中所指出的那样，地理距离是会影响技术的空间溢出的。因此，这里继续分析另外一种情况，即技术的溢出只发生在区域内的情形。

假定技术溢出在区域内存在，即北方的技术溢出发生在北方的不同行业间，南方的技术溢出发生在南方的不同行业间。这里包含两个假设，一是技术溢出仅局限于区域内，二是技术溢出更接近于雅克布斯外部性。对应地，北方专利创新成本为 η/n，南方的专利创新成本为 η/n^*。均衡时：

$$g = \frac{2L}{\eta}\frac{\alpha}{\sigma}\gamma - \left(\frac{\sigma - \alpha}{\sigma}\right)\rho \tag{6.16}$$

不同于式(6.13)，现在专利的增长率与地区的产业份额 γ 有着直接的关联。同样，地区的产业份额 γ 也发生了变化：

$$\gamma = \frac{(1-\delta)L + \rho\eta/\gamma[k - \delta(1-k)]}{(1-\delta)(2L + \rho\eta/\gamma)} \tag{6.17}$$

另外，在资本流动方面也发生了变化：

$$\frac{\mathrm{d}n}{\mathrm{d}t} - \frac{\mathrm{d}K}{\mathrm{d}t} = g(\gamma - 1)N \tag{6.18}$$

同样，不同于式(6.15)中资本流动方向的不确定，式(6.18)表明资本流动方向确定为南部地区向北部地区。不同于全域溢出的情形，局域溢出时的专利成本实际上是高于全域溢出的情形,这种变化导致工业进一步向北部地区集中,同时也带来了增长。

马丁-奥塔维诺模型是一个典型的融入企业区位的内生增长模型,从模型分析中可以得出一系列的结论。首先,如果溢出是全域的,那么经济地理不会影响到最终的增长率。但是,降低专利生产的成本,创造了更多的新企业,从而缩小了两地区之间的收入差距。其次,如果溢出是局域的,产业会在空间产生集聚,有利于促进经济的增长。并且,交易成本的降低,有利于提高创新和增长的速度。

二、诺科技术接受模型

正如哈格斯特朗模型中所提到的那样,技术的扩散或者溢出能不能成功,还取决于接受者的接受能力。如果一个国家或者企业不具备吸收技术的能力,那么技术溢出效应可能完全不会发生。为此,诺科在2005年构建了一个包含技术差距的溢出模型,着重分析了技术接受能力对技术和知识扩散的影响。[①]

(一) 基本假设

仍然假设模型为 $2\times2\times2$ 模型,即两地区、两部门和两要素模型。两地区为北方地区和南方地区,两部门分别为规模报酬不变的传统农业部门和规模报酬递增的现代工业部门,生产传统产品或农产品和现代产品或者制造品。[②] 传统部门使用工人和土地生产农产品,现代部门使用工人生产制造品,工人可以在区域间和部门间自由流动。同样,农产品贸易不存在贸易成本,制造品在区域间贸易存在冰山交易成本 τ。

此外,假定两地区土地禀赋给定且相同,$K_r = \overline{K}$。

同样,消费者效应函数为两层效应函数,上层效应函数为柯布-道格拉斯效应函数,下层效应函数为不变替代弹性效应函数:

$$\begin{cases} U(Q_{mr}, Q_{ar}) = Q_{mr}^{\mu_c} Q_{ar}^{1-\mu_c} \\ Q_{mr} = \left[\int_{i=1}^{n_n+n_s} Q_{mir}^{1-1/\sigma} d_i\right]^{1/(1-1/\sigma)} \end{cases} \quad (6.19)$$

式中,Q_{mr} 和 Q_{ar} 分别为 r 地区代表性消费者制造品和农产品消费数量,μ_c 为制造品消费占比,σ 为制造品间的替代弹性。消费者的预算约束函数为:

$$p_{mr}Q_{mr} + p_{ar}Q_{ar} = y_{hr} \quad (6.20)$$

式中,p_{mr} 和 p_{ar} 分别为制造品和农产品的价格,y_{hr} 为消费者的收入。

制造业部门生产制造品,需要使用 α 单位的固定投入和 β/a_r 单位的可变投入。对应地,

[①] 由于该模型强调技术接受的不同情形,下文中统一称为"尼克技术接受模型"。
Nocco, A., "The rise and fall of regional inequalities with technological differences and knowledge spillovers", *Regional Science and Urban Economics*, 2005, 35(5), 542-569.

[②] 两地区为北部地区和南部地区,标记为 n 和 s。对应地,$r=n,s$ 表示区域。

$$Q_{mir} = \frac{a_r(I_{mir} - \alpha)}{\beta} \tag{6.21}$$

式中,I_{mir}是指H_{mir}单位工人和D_{mir}单位中间品的投入组合。设定为柯布-道格拉斯形式,则有:

$$I_{mir} = \frac{H_{mir}^{1-\mu} D_{mir}^{\mu}}{(1-\mu)^{1-\mu} \mu^{\mu}} \tag{6.22}$$

农业部门为规模报酬不变部门,雇佣H_{ar}单位工人和使用K_r单位土地:

$$Q_{ar} = g(H_{ar}, K_r) \tag{6.23}$$

(二) 模型分析

此外,为了说明贸易是知识溢出的渠道,模型中假定地区的技术学习能力(知识溢出的接受能力)ψ与贸易成本相关。并且,设定在贸易成本超出某个门槛值$\bar{\tau}$时,技术落后地区无法吸收技术溢出,此时该地区的技术学习能力为0。因此,假设:

$$\psi(\tau) = \begin{cases} c(\bar{\tau} - \tau), & \tau \leqslant \bar{\tau} \\ 0, & \tau > \bar{\tau} \end{cases} \tag{6.24}$$

特别地,设定北部地区技术领先,南部地区技术动态方程满足:

$$\dot{a}_s = (a_s - 1)^3 + \psi(1 - a_s) \tag{6.25}$$

该式表明,技术学习能力起着重要的作用。在地区技术学习能力较小时,除非地区间的技术差距很小,否则落后地区的企业没有办法削弱技术差距。图6-5给出了技术学习能力分别为0.5和1.5时技术学习能力和技术差距对生产力水平的影响。

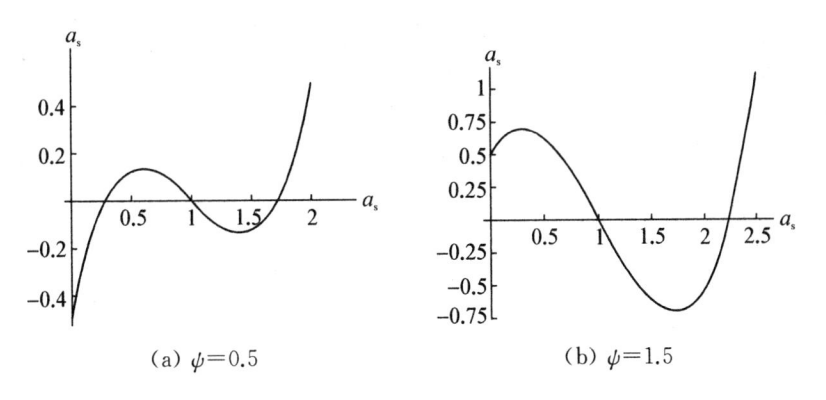

(a) $\psi = 0.5$

(b) $\psi = 1.5$

图6-5 学习能力和技术差距对生产力水平的影响

资料来源:Nocco(2005)。

对应地,根据式(6.24)可以得到如下三种情况:① 情况1:$\tau > \bar{\tau}$。当贸易成本过高时,由于一体化水平较低,落后地区的企业无法从领先地区的技术溢出中受益。② 情况2:$\tau < (\bar{\tau} - 1)/c$。当贸易成本较低时,落后地区的企业可以成功利用领先地

区的潜在技术溢出效应,对称均衡是稳定的。③ 情况3：$\bar{\tau}-1<\tau<\bar{\tau}$。对于中间贸易成本而言,由于贸易足够发达,落后地区的企业可以与领先地区的最具生产力的企业相互作用,因此,落后地区追赶领先地区的过程可以完成。然而,只有当两个地区之间的技术差距对于给定的学习能力来说不是太大时($1-a_i^0<\sqrt{\psi}$),这种情况才会发生。

马丁-奥塔维诺模型和诺科技术接受模型都强调技术溢出对企业生产过程中的技术影响,影响着企业的生产成本,进而影响着产业在空间的分布和地区的经济发展。从技术处理上来看,两者是相似的,都是假定技术溢出影响着现代部门的边际投入。所不同的是,前者假定技术在地区间溢出或者在地区内溢出,进而影响着地区的技术成本;后者假定地区企业的技术不仅与技术差距有关,还与地区的技术接受能力有关,从而影响着地区的技术成本。进一步地,技术溢出影响着产业在空间的分布、地区的收入差距以及地区的经济增长。

本章小结

新增长理论指出,技术是经济增长的重要来源。从地区经济发展来看,技术既可以来源于本地的积累,也可以来源于其他地区的溢出。随着科技的发展,技术的溢出范围更广,技术溢出的程度更高。本章从技术空间溢出的形式和技术溢出对生产率的影响两个角度展开介绍,分别介绍了技术空间溢出理论和技术溢出生产率理论。

在技术空间溢出理论中,本章主要介绍了以劳动力为载体的哈格斯特朗扩散模型和以跨国企业为载体的凯勒技术溢出模型。哈格斯特朗扩散模型从时空两维的角度分析了创新的扩散呈"S"型,指出了创新的扩散模式包括层级式扩散和传染病式扩散,并指出了不同地区在不同时间点上对创新的接受比例。凯勒技术溢出模型指出,企业会在运输成本和技术转移成本之间做出权衡。母公司可以在母国生产好中间品,但需要支付运输成本;或者将技术转移到国外,但存在技术转移成本。地理距离的增长带来运输成本的增加,随着地理距离的增加,技术在空间上的溢出下降。

在技术溢出生产率理论中,本章主要介绍了从技术扩散角度出发的马丁-奥塔维诺的全域和局域溢出模型和从技术接受角度出发的诺科技术接受模型。马丁-奥塔维诺模型探讨了技术的全域溢出和局域溢出,指出空间距离对技术溢出强度的影响。如果溢出是全域的,那么经济地理不会影响到最终的增长率,但会缩小两地区之间的收入差距;如果溢出是局域的,产业会在空间产生集聚,有利于促进经济的增长。诺科技术接受模型指出,如果地区间的技术差距太大,那么技术溢出可能根本不会产生。当地区间贸易成本过高时,落后地区的企业无法从领先地区的技术溢出中受益;当贸易成本较低时,落后地区的企业可以成功利用领先地区的潜在技术溢出效应;当地区间技术差距不太大时,落后地区的企业可以与领先地区的最具生产力的企业相互作用,从而缩小区域间的差距。

劳动力流动理论、资本流动理论和技术的溢出理论，共同构成了要素空间流动的理论。从流动形式来看，劳动力和资本的流动为显性流动，而技术的溢出通常为隐性流动。从流动的结果来看，劳动力和资本的流动会降低流出地区的要素禀赋，而技术的溢出并不会降低流出地区的要素禀赋。因此，从这个角度来看，技术的流动通常会带来全社会的福利水平提高。而随着技术在经济增长中的重要性提高，未来欠发达地区有望获得更快的发展。

第三篇

发展篇

第二册

语文

第七章 区域产业理论

所有地区经济的发展,都离不开强有力产业的支撑。没有产业的发展,地区居民不能充分就业,进而地区缺乏消费能力;没有产业的发展,地区财政能力不足,基础设施无法建设更新;没有产业的发展,人口终将流失,地区走向衰败。

地区的产业发展与地区资源禀赋有着直接的关联,同时也与要素空间上的流动密切相关。在选择区位时,厂商和劳动力等要素通常是相互影响的,甚至产生着循环累积的因果效应。厂商在空间上的区位选择,最终影响着产业在空间上的分布。如果产业和要素在空间上是均匀分布的,那么通常也就没有必须继续去探讨地区经济发展的问题。但是正如第一章讲到的那样,要素在空间上是非均匀分布的,同样产业在空间上也是非均匀分布的。而从区域经济的发展现况来看,产业空间集聚是普遍现象。虽然产业集聚是普遍的,但所有的产业集中在同一地区似乎也是不现实的。现代产业的发展需要不同产业的产品相互投入,因此这也就意味着产业的空间关联是普遍的。而随着地区经济发展水平或外部环境的变化,企业面临重新选择区位的问题,产业在空间上出现了转移。本章将从区域经济的视角介绍产业经济,主要包括产业空间关联理论、产业空间集聚理论以及产业空间转移理论。

第一节 产业空间关联理论

单个地区的产业规模和数量是有限的,但是产业间的关联可以跨越多个地区,由此形成了产业活动在空间上的广泛关联。产业空间关联的主要形式是中间品的投入和贸易,可以从企业的生产函数着手进行分析,也可以从最终结果的投入产出表着手进行分析。本节主要介绍区域间投入产出模型和新经济地理学中的产业垂直联系模型。

一、区域间投入产出模型

1936年,里昂惕夫在论文《美国经济系统中投入和产出数量关系》一文中使用了投入—产出分析,并因此获得了1973年诺贝尔经济学奖。[1] 其后,区域经济学家尝试

---

[1] Leontief, W. W., "Quantitative input and output relations in the economic systems of the United States", *The Review of Economics and Statistics*, 1936, 18(3), 105-125.

将投入产出分析加入区域维度,发展了单区域、区域间和多区域的投入产出分析。在区域间和多区域的模型中,发展出了艾萨德投入产出模型、钱纳里-莫斯投入产出模型、里昂惕夫-斯特劳特投入产出模型以及里夫勒-蒂布特投入产出模型。[1] 受于篇幅的限制,这里以艾萨德投入产出模型和钱纳里-莫斯投入产出模型为基础。[2]

(一) 区域间投入产出表

投入产出表又称部门联系平衡表,是反映一定时间各部门相互联系和平衡比例关系的一种平衡表。由于投入产出表看似简单,但统计工作量相对较大,因而多数国家只是数年公布一次投入产出表。[3]

投入产出表根据不同的计量单位,分为实物表和价值表;按不同的范围,分为全国表、地区表、部门表和联合企业表;按模型特性,分为静态表、动态表。此外,还有研究诸如环境保护、人口、资源等特殊问题的投入产出表。

表7-1给出了艾萨德区域间投入产出表,行表示来自其他地区和最终的需求(产出),列表示生产中来自其他地区的投入(投入)。表中的 X^{lm} 为 $n \times n$ 矩阵(每个地区有 n 个行业),表示要素从 l 地区的部门流向 m 地区的部门。y^k 表示区域 k 的 n 部门面临的最终需求向量,x^k 表示区域 k 的 n 部门面临的总需求量。其中中间使用以及中间投入即为部门之间的相互依存性。最终使用与各部门之间的关系则反映地区消费者对本地或本国产品的使用程度。

表7-1 区域间投入产出表

	区域 1	...	区域 l	...	区域 m	最终需求	总需求(总产出)
区域 1	X^{11}	...	X^{1l}	...	X^{1m}	y^1	x^1
⋮	⋮		⋮		⋮	⋮	⋮
区域 k	X^{k1}	...	X^{kl}	...	X^{km}	y^k	x^k
⋮	⋮		⋮		⋮	⋮	⋮
区域 m	X^{m1}	...	X^{ml}	...	X^{mm}	y^m	x^m
原材料投入 总投入	$g^{1'}$ $x^{1'}$	... ...	$g^{l'}$ $x^{l'}$	... ...	$g^{m'}$ $x^{m'}$		

资料来源:Hartwick(1971)。

---

[1] 详见 Batten, D. and D. Martellato, "Classical versus modern approaches to interregional input-output analysis", The Annals of Regional Science, 1985, 19(3), 1-15.

[2] 关于艾萨德投入产出模型和钱纳里-莫斯模型的异同,详见 Hartwick, J. M., "NOTES ON THE ISARD AND CHENERY-MOSES INTERREGIONAL INPUT-OUTPUT MODELS", Journal of Regional Science, 1971, 11(1), 73-86.

[3] 1939年,美国发布第一张投入产出表,其后日本、苏联等国分别在1951、1959年发布了投入产出表。1968年,联合国将投入产出表推荐为国民经济核算的组成部分。1973年,陈锡康及其合作者共8人克服了很多困难,在批判和反对声中编制了中国第一个国民经济投入产出表——1973年中国61类主要产品投入产出表。根据国务院的决定,自1987年开始每隔5年,在大规模调查的基础上编制全国投入产出表。但是,在1990年和1995年额外编制了延长表。在中国编制投入产出表的工作已经制度化和经常化,每五年出版一次。

(二) 两地区的投入产出模型

为了简化,设定一个两地区的经济系统。其中地区 r 设定为 3 个(产业)部门,地区 s 设定为 2 个(产业)部门。设定地区 r 地区部门间的贸易流为 z_{ij}^{rr},不同地区部门间的贸易流为 z_{ij}^{sr}(s 地区流向 r 地区)。类似地,有 z_{ij}^{rs} 和 z_{ij}^{ss}。对应地,有:

$$Z = \begin{bmatrix} Z^{rr} & Z^{rs} \\ Z^{sr} & Z^{ss} \end{bmatrix} \tag{7.1}$$

更一般地,

$$Z = \begin{bmatrix} z_{11}^{rr} & z_{12}^{rr} & z_{13}^{rr} & z_{11}^{rs} & z_{12}^{rs} \\ z_{21}^{rr} & z_{22}^{rr} & z_{23}^{rr} & z_{21}^{rs} & z_{22}^{rs} \\ z_{31}^{rr} & z_{32}^{rr} & z_{33}^{rr} & z_{31}^{rs} & z_{32}^{rs} \\ z_{11}^{sr} & z_{12}^{sr} & z_{13}^{sr} & z_{11}^{ss} & z_{12}^{ss} \\ z_{21}^{sr} & z_{22}^{sr} & z_{23}^{sr} & z_{21}^{ss} & z_{22}^{ss} \end{bmatrix} \tag{7.2}$$

考虑地区 r 部门 1 产出的流向包括三个方面:

$$x_1^r = \underbrace{z_{11}^{rr} + z_{12}^{rr} + z_{13}^{rr}}_{\text{部门1地区}r\text{内贸易}} + \underbrace{z_{11}^{rs} + z_{12}^{rs}}_{\text{部门1地区间贸易}} + \underbrace{f_1^r}_{\text{部门1用于本地最终消费部分}} \tag{7.3}$$

设定地区投入系数: $a_{ij}^{ss} = z_{ij}^{ss}/x_j^s$。[①]式(7.3)转变成:

$$x_1^r = a_{11}^{rr} x_1^r + a_{12}^{rr} x_2^r + a_{13}^{rr} x_2^r + a_{11}^{rs} x_1^s + z_{12}^{rs} x_2^s + f_1^r \tag{7.4}$$

对应地,如果设定:

$$A^{rr} = \begin{bmatrix} a_{11}^{rr} & a_{12}^{rr} & a_{13}^{rr} \\ a_{21}^{rr} & a_{22}^{rr} & a_{23}^{rr} \\ a_{31}^{rr} & a_{32}^{rr} & a_{33}^{rr} \end{bmatrix}, X = \begin{bmatrix} X^r \\ X^s \end{bmatrix}, F = \begin{bmatrix} F^r \\ F^s \end{bmatrix} \tag{7.5}$$

类似地,设定 A^{rs}、A^{sr} 和 A^{ss}。根据式(7.4)得到:

$$\begin{cases} (I - A^{rr})X^r - A^{rs}X^s = F^r \\ -A^{sr}X^r + (I - A^{ss})X^s = F^s \end{cases} \tag{7.6}$$

式中,X 和 F 分别为对应的向量。进一步地,得到:

$$(I - A)X = F \tag{7.7}$$

从式(7.7)可以得到 $X = (I - A)^{-1} F$,即根据投入产出矩阵和最终的需求可以得到每个地区每个部门的产出。按照不同区域和部门间的设定,该模型可以获得每个地区每个部门的影响度。式中 $(I - A)^{-1}$ 即为里昂惕夫系数逆矩阵,也称之为乘数矩阵。

[①] 也被称为技术系数,或者直接消耗系数。

对于这种矩阵,我们还可以通过幂级数来求出:$I+A+A^2+\cdots+A^n=(I-A)^{-1}$。在生产的过程中,某部门生产的产品需求增加之后,第一轮中需求增加数为 I,第二轮中需求增加数为 IA,以此类推,在第 n 轮中的增加数量为 IA^{n-1},从而至均衡时总需求为 $(I-A)^{-1}$。这里实际上暗含了几个方面的假设:① 假定生产技术固定比例,采用里昂惕夫技术。换句话说,生产过程中使用的不同要素具有不可替代性,只有在要素同比例增加的情况下才能导致产出的同比例增加。② 霍金斯-西蒙条件成立。也即是说,如果 A 代表投入产出矩阵,$(I-A)$ 的所有主子式必须严格为正,从而它的逆矩阵 $(I-A)^{-1}$ 非负。③ 投入的要素供给具有完全弹性,生产能力不受约束。

根据上面的分析,还可以得到区际需求对区域经济的冲击。如果研究 r 区域经济受 s 地区需求变化的反馈,则无须考虑 s 地区最终需求的变化,不妨设定 $F^s=0$,代入式(6.7),消除 X^s,得到:

$$(I-A^{rr})X^r=A^{rs}(I-A^{ss})^{-1}A^{sr}X^r+F^r \tag{7.8}$$

上式右侧第一项 $A^{rs}(I-A^{ss})^{-1}A^{sr}X^r$ 是因为有区域部门的相互投入才发生的,这与地区自给自足是完全不同的,属于典型的外部需求,通常称之为"区域反馈"。该项中的 $A^{sr}X^r$,代表 r 地区产出增加引起的对 s 地区中间品的需求;$(I-A^{ss})^{-1}A^{sr}X^r$,代表对中间品的需求引起了 s 地不同部门的直接和间接总需求;$A^{rs}(I-A^{ss})^{-1}A^{sr}X^r$,代表 r 地区通过生产最终形成的对 s 地区的总出口。

(三) 前后向关联

1958年,赫希曼在《经济发展的战略》一书中提出了产业的前后向关联。[①] 在投入产出模型的框架下,特定部门的生产对经济系统中的其他部门有后向关联和前向关联两种经济效应。从最初的原材料到最终的商品生产,生产链就像河流中的水流一样,自上游而下游。如果产业处于生产的中间位置,那么接近于原料端的产业属于它的上游产业,接近于消费端的产业属于它的下游产业。在生产的过程中,产业与上游(投入来源)产业之间的联系,属于回头向后看的联系,这种关联称之为后向关联;产业与下游(产出去向)产业之间的联系,属于向前看的联系,这种关联称之为前向关联。

产业的后向关联,是这个产业与该产业使用的中间品投入的产业之间的关联,即表7-1中的列部分。同样,设定直接投入系数 $a_{ij}=z_{ij}/x_j$,$L=(I-A)^{-1}$,可以得到后向直接关联的系数 $BL(d)_j$ 和后向总关联(直接关联和间接关联之和)系数 $BL(t)_j$,分别为:

$$BL(d)_j=\sum_{i=1}^n a_{ij}, BL(t)_j=\sum_{i=1}^n l_{ij} \tag{7.9}$$

式中,l_{ij} 为矩阵 $L=(I-A)^{-1}$ 中对应的元素。

---

① Hirschman, A. O., The strategy of economic development. New Haven: Yale University Press, 1958.

对应到区域间投入产出模型中,区域 r 的 j 产业的后向直接关联系数和总关联系数分别为:

$$BL(d)_j^r = \sum_{i=1}^n a_{ij}^{rr} + \sum_{i=1}^n a_{ij}^{sr}, BL(t)_j^r = \sum_{i=1}^n l_{ij}^{rr} + \sum_{i=1}^n l_{ij}^{sr} \quad (7.10)$$

同样,设定直接产出系数为 $b_{ij} = z_{ij}/x_i$,B 为对应的直接投入系数矩阵。令高斯矩阵 $G = (I-B)^{-1}$,g_{ij} 为对应的元素。那么,可以得到前向直接关联的系数 $FL(d)_i$ 和前向总关联的系数 $FL(t)_i$ 分别为:

$$FL(d)_i = \sum_{j=1}^n b_{ij}^{rr} + \sum_{j=1}^n b_{ij}^{rs}, FL(t)_i = \sum_{j=1}^n g_{ij}^{rr} + \sum_{j=1}^n g_{ij}^{rs} \quad (7.11)$$

BL 值越大代表该产业与其后向产业的关联性越强,反之则反是;FL 值越大代表该产业与其前向产业的关联性越强,反之则反是。如果对式(7.9)进行单位化处理,则得到:

$$\overline{BL(d)_j} = \frac{\sum_{i=1}^n a_{ij}}{(1/n)\sum_{i=1}^n \sum_{j=1}^n a_{ij}}, \overline{BL(t)_j} = \frac{\sum_{i=1}^n l_{ij}}{(1/n)\sum_{i=1}^n \sum_{j=1}^n l_{ij}} \quad (7.12)$$

式中,$\overline{BL(d)_j}$ 表示是 j 产业相对所有产业平均的后向直接关联,代表的是 j 产业对其他产业的影响。如果该值大于1,代表该产业后向关联度超过了部门平均水平;反之,则反是。这种效应,被拉斯穆森称为"分散力指数"。[1] $\overline{BL(t)_j}$ 使用更为广泛,通常被称为"感应度系数"。与之相对应,前向总关联系数标准化后得到"影响力系数":[2]

$$\overline{FL(t)_i} = \frac{\sum_{j=1}^n g_{ij}}{(1/n)\sum_{i=1}^n \sum_{j=1}^n g_{ij}} \quad (7.13)$$

$\overline{BL(t)_j}$ 越大,代表 j 产业相对所有产业平均的后向总关联越大,该产业产出的增加引致了对后向关联产业产品需求的增加。而 $\overline{BF(t)_i}$ 越大,代表 i 产业相对所有产业平均的前向总关联越大,该产业产出的增加为前向关联产业提供的产品越多。[3]

---

[1] 原文为 Index of the Power of Dispersion,详见 Nørregaard Rasmussen, 1957. Studies in Inter-sectoral Relations. Amsterdam: North-Holland.

[2] 在介绍感应度系数和影响力系数的教材中,普遍根据里昂惕夫逆矩阵 $L = (I-A)^{-1}$ 中的元素来确定最终的系数。这种度量方式无法体现出产业产出的真实去向,应当采用 $G = (I-B)^{-1}$ 中的元素,即高斯模型中的元素。

[3] 部分教材中,将后向的感应度系数和前向的影响力系数加总后求平均值,称之为"产业综合波及度效果"。

二、产业垂直联系模型

工业区位论中对企业的选择进行了大量的分析,指出企业选址需要在原材料地和产品销售地之间做出权衡。在产业链中,大多数企业处于中间的位置,即使用其他企业生产的中间品来生产新的中间品,与其他企业形成前后向的关联。维纳布尔斯在1996年构建了一个产业垂直联系模型,该模型重点分析了产业垂直联系对产业区位均衡的影响。[①]

(一) 模型假设

维纳布尔斯构建的垂直联系模型为 $2\times3\times1$ 模型,模型中包括两地区、三个部门和一种要素。两地区分别为地区1和地区2,三个部门分别为农业部门、上游制造业部门和下游制造业部门,一种要素为劳动力。其中,农业部门为规模报酬不变和完全竞争部门,农产品在区域间贸易不存在贸易成本;两个制造业部门都是规模报酬递增和垄断竞争部门,制造品在区域间贸易存在冰山交易成本 t,上游制造业部门使用劳动力生产中间品,下游制造业部门使用中间品和劳动力生产最终消费品。

设定消费者效应函数为两层效应函数,上层效用函数为农产品和制造品组合的柯布-道格拉斯效应函数,下层效用函数为制造品组合的不变替代弹性效用函数。设定 $i(i=1,2)$ 地区消费者在产业 $k(k=a,b)$ 的消费支出为 e_i^k,那么每一种制造品的最终消费为:

$$\begin{cases} x_{ii}^k = (p_i^k)^{-\varepsilon^k}(P_i^k)^{\varepsilon^k-1}e_i^k \\ x_{ij}^k = (p_i^k t^k)^{-\varepsilon^k}(P_j^k)^{\varepsilon^k-1}e_j^k \end{cases}, i \neq j \tag{7.14}$$

式中,x_{ii}^k 为 i 地区生产 i 地区消费的部分,x_{ij}^k 为 i 地区生产 j 地区消费的部分。[②] ε 为产品的替代弹性,p 为产品的价格(出厂价)。P 为制造品组合的价格指数,写成:

$$\begin{cases} (P_1^k)^{1-\varepsilon^k} = (p_1^k)^{1-\varepsilon^k}n_1^k + (p_2^k t^k)^{1-\varepsilon^k}n_2^k \\ (P_2^k)^{1-\varepsilon^k} = (p_1^k t^k)^{1-\varepsilon^k}n_1^k + (P_2^k)^{1-\varepsilon^k}n_2^k \end{cases} \tag{7.15}$$

设定企业生产固定成本为 $c_i^k f^k$,可变成本为 c_i^k,i 地区企业利润函数为:

$$\pi_i^k = (p_i^k - c_i^k)(x_{ii}^k + x_{ij}^k) - c_i^k f^k \tag{7.16}$$

根据式(7.16),利润最大化下得到 $p_i^k(1-1/\varepsilon^k) = c_i^k$,零利润条件下得到 $x_{ii}^k + x_{ij}^k = (\varepsilon^k - 1)f^k$。设定两地区制造业的相对产值、相对成本以及相对支出分别为:

[①] Venables, A. J., "Equilibrium Locations of Vertically Linked Industries", *International Economic Review*, 1996, 37(2), 341-359.

[②] 下标 i 为 i 地区对应的变量,下标 j 为 j 地区对应的变量,下标 ij 为 i 地区对 j 地区的变量。上标 k 为企业 k 的变量。

$$\begin{cases} v^k \equiv \dfrac{n_2^k p_2^k (x_{22}^k + x_{21}^k)}{n_1^k p_1^k (x_{11}^k + x_{12}^k)} \\ \rho^k \equiv \dfrac{c_2^k}{c_1^k} = \dfrac{p_2^k}{p_1^k} \\ \eta^k \equiv \dfrac{e_2^k}{e_1^k} \end{cases} \quad (7.17)$$

(二) 模型分析

垂直联系模型中，上游制造业部门 a 生产中间品，以不变替代弹性的形式形成中间品组合作为下游制造业部门。下游制造业部门 b 生产最终消费品，面向最终的消费者。从区域产业的角度来看，制造业部门 b 对中间品的需求属于投入部分，形成了后向关联；制造业部门 a 的产出供给制造业部门 b，形成了前向关联。对于制造业部门 b 而言，对制造业部门 a 的关联，属于成本关联；对消费者最终需求的关联，属于需求关联。而上游的成本关联和下游的需求关联，根据式(7.17)，可以表示成 ρ^a 和 η^b。

由于部门 a 生产中间品只需要劳动力一种投入，并且两地区的生产方式相同，因而可以得到 ρ^a 即为两地区的工资之比，设定 $\rho^a = w_2/w_1 = \omega$。而在前文中提到，部门 a 生产中间品以组合品的形式进入部门 b 的生产。并且，劳动力和中间品组合的投入为柯布-道格拉斯的形式，则有：

$$c_i^b = w_i^{1-\mu}(P_i^a)^\mu \quad (7.18)$$

对应地，可以得到 $\rho^b = (P_2/P_1)^\mu \omega^{1-\mu} \equiv h(\omega, v^a, t^a)$。其中，$\mu$ 为工业品投入的支出比重。根据消费支出部分，可知 $\eta^a \equiv v^b$，$\eta^b \equiv e_2^b/e_1^b$。根据产业之间的关联，可以得到均衡的区位。

$$\begin{cases} v^a = g^a(\omega, v^b, t^a) \\ v^b = g^b[h(\omega, v^a, t^a), \eta^a, t^b] \end{cases} \quad (7.19)$$

式中，v^a 代表地区 2 产业 a 占两地区的比重，v^b 代表地区 2 产业 b 占两地区的比重。

根据式(7.19)，可以得到不同的冰山运输成本下两个产业在空间上的分布。图 7-1 横轴代表 v^a，纵轴代表 v^b，图 7-1(a)、图 7-1(b)和图 7-1(c)分别代表高冰山交易成本、中等冰山交易成本和低冰山交易成本下上下游产业在空间的分布情况。从图 7-1 中可以看出：① 在冰山交易成本较高（$t = 1.45$）时，$v^a = 1$ 和 $v^b = 1$ 是唯一稳态的均衡（图中标示为 S），此时两个制造业产业均匀分布在两地区；② 在冰山交易成本适中（$t = 1.35$）时，此时除了 $v^a = 1$ 和 $v^b = 1$ 是稳态的均衡点之外，还存在其他的稳态均衡点 $v^a = 0$ 和 $0 < v^b < 1$ 以及非稳态均衡点（图中标示为 U），上游产业在空间上完全集聚，下游产业在空间上部分集聚；③ 在冰山交易成本较小（$t = 1.25$）时，此时的唯一均衡点是 $v^a = 0$ 和 $v^b = 0$，上下游产业同时在空间上完全集聚。

(a) t 值较大时情形($t=1.45$)

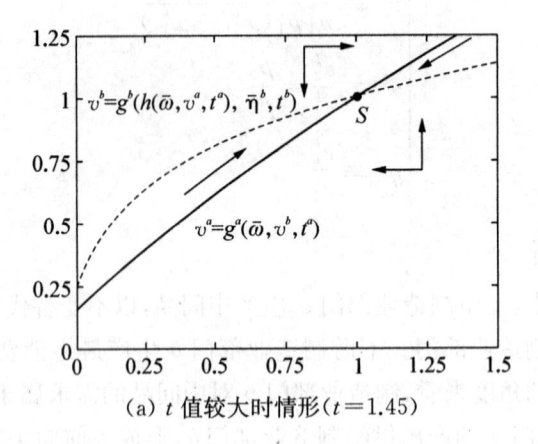

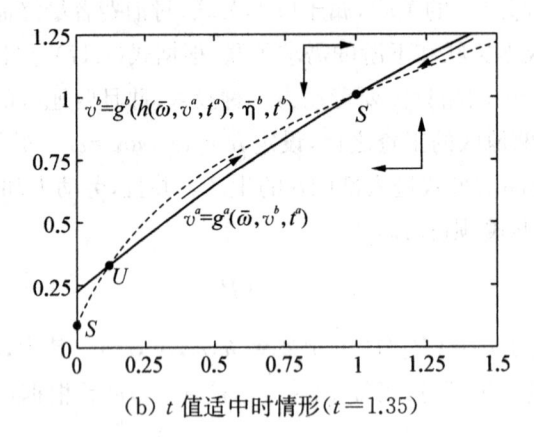

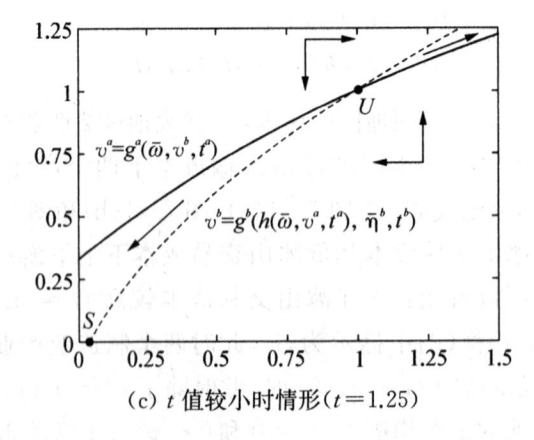

(b) t 值适中时情形($t=1.35$)

(c) t 值较小时情形($t=1.25$)

图 7-1　不同冰山交易成本时上下游产业集聚情况

资料来源：Venables(1996)。

如果将成本关联（ρ^a 或者 ω）和需求关联（η^b）内生化，一些新的情形就会发生。在冰山交易成本较小时，对称的均衡又将重新出现。究其原因，主要是工资在地区间不可持续性，产业集聚地区的工资水平提高形成了新的分散力，导致产业分散，如图7-2所示。此外，如果上游部门有部分产品不再是最终产品，而是消费品时，将会导致下游产业的需求关联变弱，从而影响下游产业的集聚，如图7-3所示。

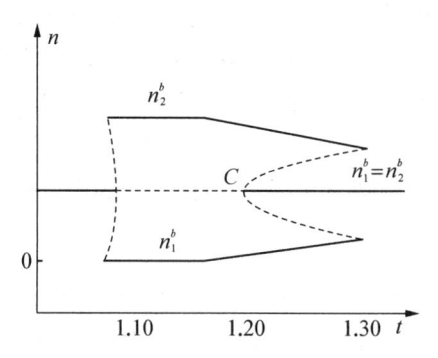

图7-2 工资内生时下游产业集聚情况

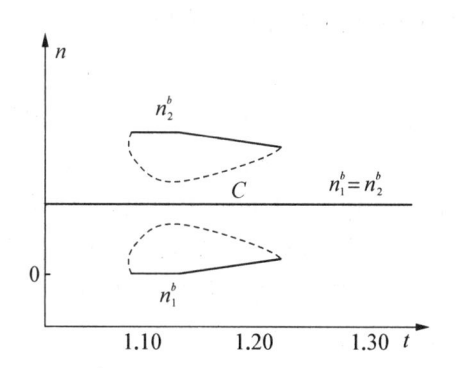

图7-3 需求关联减弱时下游产业集聚情况

资料来源：Venables(1996)。

区域间投入产出模型和产业垂直联系模型都通过产业空间关联分析区域经济的发展，注重产业在空间上的前向关联和后向关联。但这两个模型的起点和侧重点存在较大的差异：① 区域间的投入产出模型从区域间不同部门的相互投入着手，主要是以现有的统计数据为依据；产业垂直联系模型从微观企业的产品投入着手，主要是以企业和消费者的最优化为依据。② 区域间的投入产出模型侧重于分析产业间的贸易、地区产业发展及其对区域经济发展的影响；垂直联系模型侧重于分析产业在空间的分布及其对区域经济发展的影响。从模型上来看，区域间投入产出模型缺乏微观基础，偏向宏观方向；而产业垂直联系模型缺乏宏观分析，偏向微观方向。如果能够将区域间投入产出模型和产业垂直联系模型进行有机整合，则有望进一步拓展产业空间关联的分析框架。

第二节 产业空间集聚理论

从马歇尔开始,产业空间集聚的问题就引起了广泛的关注。传统的集聚理论指出,内部规模经济和外部规模经济形成了本地化经济和城市化经济。本地化的经济中强调马歇尔-阿罗-罗默外部性,而城市化经济中强调多样性带来的外部性。尽管其后包括新经济地理、制度经济、全球价值链以及演化经济地理这些理论都对集聚的来源进行了深入分析,但基本离不开专业化分工理论和多样化生产理论。因此,本节主要介绍专业化分工的产业集聚理论和多样化生产的产业集群理论。

一、产业集聚理论

韦伯在《工业区位论》中指出,影响厂商区位选择的因素包括一般因素和行业特殊因素。其中,一般因素包括运输成本因素、劳动力成本因素以及聚集因素。换句话说,聚集因素是产业空间分布的重要影响因素。通常而言,引起地区专业分工生产的因素包括马歇尔-阿罗-罗默外部性、贸易以及规模报酬递增等。

(一) 马歇尔-阿罗-罗默外部性与产业集聚

当不同的经济主体位于相邻或者相近空间时,通常会对其他经济主体产生正向的或者负向的影响,我们可以称之为外部性。主流经济学中最初对产业集聚的影响通常从外部性的角度出发,如马歇尔。他认为,同一产业的厂毗邻至少有三个方面的好处:第一,相同产业的企业集聚需要大量的中间投入品,从而能够促使中间品的生产获得最优生产规模;第二,相同产业的企业集聚可以相互提供生产中所需要的技术工人,技能劳动力在该市场中能够更好地寻找到合适的工作;第三,相同产业的企业集聚能够更好地促进知识、技术和创新的溢出。

在马歇尔看来,大量厂商在部分地区的集聚是因为有外部规模经济的存在:协同创新的环境、辅助性工业的存在、专业技能劳动力市场的形成与发展、劳动力需求结构的不平衡、区域经济的健康发展和顾客的便利。根据马歇尔、阿罗和罗默等对外部性的概述,格莱泽等提出了马歇尔-阿罗-罗默模型。[1] 该模型指出,区域内产业的集聚能够促进知识在该区域内的溢出以及该行业在该地区的创新行为。需要指出的是,这种知识溢出可能只是在相同或者相似产业内得到传播,从而只有该行业能够在该地区产生集聚。马歇尔-阿罗-罗默模型强调垄断更加优于竞争,因为垄断可以使

---

[1] Marshall, A., *Principles of Economics*. London: Macmillan, 1890.
Arrow, K. J., "The Economic Implications of Learning by Doing", *The Review of Economic Studies*, 1962, 29(3), 155-173.
Romer, D., "Increasing returns and long-run growth", *Journal of Political Economy*, 1986 (94), 1002-1037.
Glaeser, E., H. Kallal, J. Scheinkman and A. Shleifer, "Growth in Cities", *Journal of Political Economy*, 1992, 1001126-1152.

厂商的知识以及创新获得保护,从而厂商能够从中获得租金。很显然,这种产业内的技术溢出能够促使大量相同或者相似产业集聚在同一地区。

在存在马歇尔-阿罗-罗默外部性时,企业区位于本产业集中的地区能够获得一定的正外部性。如果企业 k 属于 i 产业,那么则有 $d\pi_k(\psi_i,\psi_j)/d\psi_i > 0$ 且 $d\pi_k(\psi_i,\psi_j)/d\psi_j = 0$,企业将区位于有着大量同产业的地区。从而,该地区成为专业化生产地区,产业出现集聚。

(二) 跨区贸易与产业集聚

贸易可以促进大量的产业集聚,可能源于绝对优势、比较优势、要素禀赋或者规模报酬递增。不同地区的初始要素禀赋、生产技术等可能并不相同,地区可以专业化分工并贸易,两地区都可以从贸易中获得好处。无论是新古典贸易理论所指的产业间贸易,还是新贸易理论中所分析的产业内贸易,专业化的分工都会导致大量产业集聚。

以比较优势理论为例,李嘉图指出不同国家生产不同产品的生产效率存在差异。比如,英国生产 1 千克小麦需要 5 个劳动量,生产 1 千克棉花需要 8 个劳动量;而美国生产 1 千克小麦需要 3 个劳动量,生产 1 千克棉花需要 6 个劳动量。尽管英国生产小麦和棉花所需要的劳动量都大于美国,不存在斯密的绝对优势,但是存在李嘉图所说的比较优势。英国可以用 14 个劳动量去生产 1.75 千克棉花,美国可以用 6 个劳动量生产 2 千克小麦和 3 单位的劳动量生产 0.5 千克的棉花。因为两国进行了专业化的生产,经济系统中小麦和棉花的总产量比各自生产多出来 0.25 千克棉花。通过贸易,双方都能从中获得好处。专业化的生产带来了产业在空间的集聚,棉花的生产集中在了英国,小麦的生产集中在了美国。换句话说,跨国或者跨区的贸易,带来了生产的专业化以及产业在空间上的集聚。

(三) 规模经济与产业集聚

产业的集聚同样可能源于规模经济。规模经济可以分为外部规模经济和内部规模经济,规模报酬递增即属于内部规模经济。企业生产的规模报酬递增可以通过两种方式得以呈现:固定投入的节约或者可变投入的减少。

在企业的生产过程中,企业通常会存在部分生产能力未能得到充分利用。比如,厂房、机器的使用频率相对较低等。如果企业在扩大再生产时,无须增加固定成本的投入,从而单位产品生产所需要的固定成本变少。不妨假设产品的生产中需要固定成本为 f,可变成本为 a,因此厂商生产的成本函数 $T(x) = f + ax$。从而,单位产品的平均成本函数为 $f/x + a$。很显然,产品产量越高,单位产品的平均成本越低。对于单个企业而言,生产单一产品能够更好地利用规模经济,从而获得更高的利润。当然,部分企业获得规模经济并非通过固定成本的节约,而是通过可变投入的减少。一些企业在生产过程中能够不断地减少边际投入,从而整个生产过程中产品的平均成本将减少。假定企业生产第 i 单位产品的边际成本为 a_i,并且 $a_{i+1} < a_i$。那么,总有

$d(T(x)/x)/dx < 0$,即厂商可以从更少的边际投入中充分利用规模报酬递增,从而产生获得更高的利润。

规模报酬递增能够促进厂商进行专业化的生产,那么单个厂商的规模是否会无限扩大呢？很显然,市场对产品的需求不可能是无限大的。多样化产品的需求通常能够给消费者带来更高的福利水平,从而厂商的规模不可能无限地大。厂商专业化生产不仅可以提供给本地的消费者,如果厂商进行大规模生产所节约的成本超过运输至其他地区销售节省的成本,则该地区将会和其他地区进行产业内的贸易,产业集聚程度相对较高。

除了上述的马歇尔-阿罗-罗默外部性、贸易所引起的专业化分工以及规模经济之外,要素的不可流动性、新兴古典专业化分工以及搜寻成本的节约都可以引起产业的集聚。在前面章节介绍区位选择时提到,部分要素具有不可流动性、不可分割性等特征,这就导致该类企业不得不集中选择在某些区位,从而形成产业集聚。而以杨小凯为代表的新兴古典理论家认为,如果交易网络集中在相对较小的地区,这将有效地提升分工并进行专业化生产,从而形成产业集聚。同样,为了节约厂商的宣传费用或者消费的搜寻成本,大量的餐馆或者书店会选择某些特定的地区集聚,形成产业的集聚。

二、产业集群理论

经济区域个体之间不仅具有同质性,同时还具有很强的异质性。如果某一地区的异质性特征相对较强,地区则会表现出多样化生产。这种多样化生产与经济活动在地理上的集群发展密不可分,主要通过雅克布斯外部性、范围经济以及中间品的投入来形成。

(一) 雅克布斯外部性与地区多样化生产

马歇尔-阿罗-罗默外部性是企业对同一产业内的企业所产生的外部性,而雅克布斯外部性则是企业对其他企业所产生的外部性。[1] 在雅克布斯看来,同一行业中有着更多的竞争,因此知识创新在互补型的产业中更加容易获得传播和溢出。

不同于马歇尔-阿罗-罗默外部性,雅克布斯认为不同类的企业集聚在一起会形成明显的外部性。如果企业 k 属于 i 产业,那么则有 $d\pi_k(\psi_i,\psi_j)/d\psi_i=0$ 且 $d\pi_k(\psi_i,\psi_j)/d\psi_j>0$,企业将区位于有着大量不同产业的地区。从而,该地区成为多样化生产地区,产业出现集群。

(二) 范围经济与企业多样化生产

对于企业而言,不仅可能存在规模经济,还可能存在范围经济。规模经济是因为厂商大批量地生产所带来的成本节约,范围经济则是因为厂商生产多种产品可以节约部分成本,从而每种产品的成本出现了降低。比如说,海尔集团等企业不仅生产冰

---

[1] Jacobs, J., The Economy of Cities. New York: Vintage, 1969.

箱,还生产笔记本电脑、电视等产品。很显然,这与上文所述的规模经济是完全不同的概念。生产笔记本电脑的部分技术工人、营销网络完全可以用于冰箱等产品,从而对企业而言成本得到了节约。

设定 $TC(q_x)$ 为单独生产 q_x 单位产品 x 的成本,$TC(q_y)$ 为单独生产 q_y 单位产品 y 所支付的成本,$TC(q_x,q_y)$ 为联合生产 q_x 单位产品 x 以及 q_y 单位产品 y 所支付的总成本。那么,范围经济所产生的成本的节约,可以表示为:$TC(q_x,q_y) < TC(q_x) + TC(q_y)$。对应地,可以计算范围经济的成本节约率:

$$s = \frac{TC(q_x) + TC(q_y) - TC(q_x,q_y)}{TC(q_x,q_y)} \tag{7.20}$$

s 越大,代表厂商的范围经济的成本节约率越高,范围经济越明显。如果有大量企业在某一地区使用范围经济,则该地区的产业将会出现集群发展。

(三) 中间品的投入与产业集群

雅克布斯外部性强调技术溢出的外部性所引起的产业集群发展,范围经济强调单个企业多样化生产引起的地区多样化生产。不同于这两方面的原因,中间品的投入则强调产业间关联性所引起的产业集群发展。

企业在生产过程中不仅需要使用原材料和劳动力等要素,多数时候还需要使用一些中间投入品。如果某些企业与前向企业或者后向企业有着广泛的关联,则企业区位将会接近于前向企业或者后向企业。前面的章节中介绍了古典工业区位论,提到了厂商区位选择过程中在接近原料产地和接近销售市场中做出权衡。实际上,这与中间品的投入—生产区位选择是相似的。在很多工业园区内,大量的配套企业集中在某一大型集团周边,这些小企业进行专业化生产,为大型企业提供一些中间品。比如,在一些汽车城(如底特律),大量的轮胎、汽车制动系统、汽车内外饰件等生产企业集中在同一地区,从而形成大量的产业集群发展。大量产业集群发展能够减少企业生产中的运营成本,从而企业选择区位时有着集群的动机。最近获得快速发展的总部经济与此相类似,运营成本的节约仍然是这类企业集群发展的最主要的原因。

对于中间品的投入所引起的产业集群发展,新经济地理学的垂直联系模型中有着严格的数理阐述。[①] 一个企业生产的产品作为另外一个企业生产的产品投入,因此企业之间投入产出联系成为产业集聚(集群)的主要根源。对应单个企业而言,i 企业如果选择聚集其他与之有较强关联性厂商的地区 k,则它的利润将会增加。关联性 κ 越强,企业获得的利润越大,即 $\partial \pi(k)/\partial \kappa > 0$。

产业空间集聚和产业空间集群,本质上都是产业在空间上的分布非均衡。所不同的是,前者强调单一产业的空间集聚,后者强调多产业的空间集聚。现实中对产业

---

① Venables, A. J., "Equilibrium Locations of Vertically Linked Industries", *International Economic Review*, 1996, 37(2), 341-359.

集聚和集群通常是混用的，这其中的关键是产业划分问题。比如，有两个产业在地理上集中，同属于国际产业分类代码中的两位数代码，但是又分属不同的四位数代码。按照两位数代码的标准进行统计，这两个产业属于产业集聚。但是，如果按照四位数代码的标准进行统计，这两个产业则属于产业集群。[①]

第三节 产业空间转移理论

企业总是希望获得更高的利润，因此在外部条件发生变化时企业会重新选择区位，这就牵涉到产业在空间上的转移。由于资本是企业构成的核心要素，因此企业的转移在很多时候以资本的流动形式出现。从这个角度上来看，在第四章关于资本的流动很大程度上属于产业转移。产业空间转移的原因是多样的，包括比较优势的变化、科技的发展、环境规制的约束等，但这些都不是本章介绍的重点。本节主要从产品和产业的生命周期特征出发，重点介绍产品周期理论和雁行模式理论。

一、产品生命周期理论

1966年，费农在《产品周期中的国际投资和国际贸易》一文中重点分析了产品周期所带来的进出口贸易以及国际投资。[②] 其后，该理论被广泛应用到商业经济、产业经济和区域经济等领域。尽管产品周期理论并不等同于产业周期理论，更不等同于产业转移理论。但是，考虑到产品周期是源头，这里重点介绍产品周期理论中的产业转移理论。

（一）基本假设

费农从美国的实际情况出发，假设：① 不同国家获取知识的能力是相同的，但是利用能力是不同的；② 不同国家或地区为企业提供的机会是不同的，比如居民消费能力不同、劳动力成本不同等；③ 不同国家或者地区在创新投入上是不同的，并且这种创新是与高收入相关的产品和用资本代替劳动的产品。按照这样的设定，费农假定美国是最早进行产品创新的国家。至于市场的接近、要素成本以及运输成本等问题，他认为是不重要的。换句话说，在产品周期理论模型中，劳动力和运输成本等成本因素没有外部经济等那么重要。

[①] 值得一提的是，产业协同集聚类似于产业集群，测度的是两两之间的关联，产业集群则是测度所有产业之间的聚集程度。

[②] Vernon, R., "International Investment and International Trade in the Product Cycle", *The Quarterly Journal of Economics*, 1966, 80(2), 190-207.

早在1950年，Dean就已经提出了产品生命周期的概念。同期，Levitt(1965)和Cox(1967)也提出类似的概念。

(二) 模型分析

按照产品发展时期,费农将产品分为三个阶段:新产品推出阶段、产品成熟阶段和产品标准化阶段。[①] 首先,新产品推出的早期阶段,生产者通常会面临一些关键的(尽管是暂时的)条件,产品是非标准化的。生产的自由度、产出的需求价格弹性、有效的沟通等,这些都会影响生产的区位。其次,随着需求的扩大,产品逐步开始标准化,这种变化会带来地理位置上的影响。如果这种产品的需求有很高的收入弹性,或者它是高成本劳动力的很好替代品,那么这些国家或者地区就可能会自己去生产。一旦开始在美国之外进行生产,美国的高劳动力成本的劣势将会凸显,从而生产向国外转移。最后,随着产品标准化的程度进一步提高,较不发达国家作为生产地点可能具有竞争优势。

图 7-4 为产品生命周期中不同类型国家进出口情况图,横轴表示产品所处周期,纵轴表示各国进出口额。其中,图(a)表示美国(创新国)的情形,图(b)表示其他发达国家情形,图(c)表示发展中国家的情形。在新产品推出时期,各国的消费都开始出现。但是,由于收入的原因,美国的消费超出其他发达国家,其他发达国家超出发展中国家。这一时期的生产集中在美国,而当发达国家发现生产更有利时,国内会增加一部分生产。总体来说,美国在这一时期出口,其他发达国家进口大部分、生产一部分,发展中国家完全进口。随着产品逐渐变得成熟,美国的生产和其他发达国家的生产进一步增加,发展中国家也逐步开始生产,美国保持着出口,其他国家保持着进口。而在产品进一步标准化后,美国生产开始下降,更多的生产转移到其他发达国家和发展中国家,美国逐步从出口国转变成进口国,其他发达国家则从进口国转变为出口国。

如果依据某种产品发展产业,那么产品的生命周期自然也会影响到产业的生命周期。甚至如果地区过度依赖于某个产业的发展,地区也会因此出现生命周期。在产业生命周期理论中,威廉姆森提出行业的发展有三个阶段:早期探索阶段、中期发展阶段和成熟阶段,与产品生命周期是对应的。[②] 但值得注意的是,产品的生命周期理论和产业的生命周期理论之间还是存在一些差距。在早期,产业的生命周期理论与产品的生命周期理论是一致的。但是,当行业逐渐成熟时,产业的生命周期与产品的生命周期可能会出现不一致的情形。[③] 但无论如何,从产品的生命周期理论中可以看出产业在空间上的转移:① 从创新国向其他发达国家转移;② 从发达国家向发展中国家转移。

---

① 英文分别为 new product、maturing product 和 standardized product。
② Williamson, O. E., Markets and hierarchies: Analysis and Antitrust Implications. Free Press: New York, 1975.
③ 详见 Klepper, S., "Industry Life Cycles", *Industrial and Corporate Change*, 1997, 6(1), 145-182.

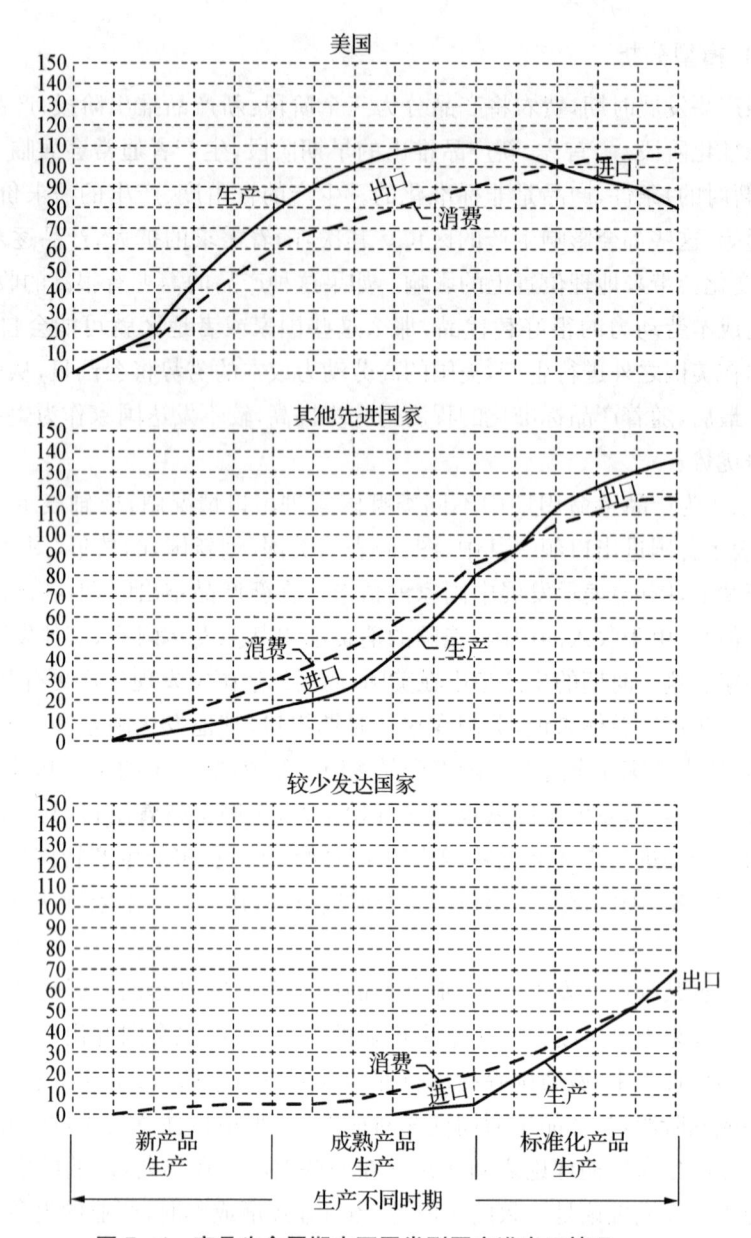

图 7-4　产品生命周期中不同类型国家进出口情况

资料来源：Vernon(1966)。

二、雁行模式理论

赤松要从日本地区经济的发展出发，提出产业发展过程中经历进口、国内生产和出口三个不同阶段。[①] 赤松要提出，东亚地区要像西方国家一样，需要构建区域层级

[①] 关于"雁行模式"理论提出的时间有着多种不同的说法，比较常见的有：① 1932 提出，参见 Malmberg(1996)；② 1935 年提出，参见 Kojima(2000)；③ 1956 年提出，参见 Furusawa(2010)。这三个出处均为日文文献，最早的英文文献出现在 1961 年。

体系,东亚产业发展模式遵循着"雁行模式"。作为领头雁的日本首先发展工业化,产业成熟后或者具有比较劣势时将会依次转移至新兴工业体、亚洲"四小龙"等。其后,小岛清对该理论进行了拓展。

(一) 基本假设

赤松要认为,国家制成品经历进口(M)、国内生产(P)和出口(E)三个阶段。赤松要根据日本明治时期的消费品(X,如棉织品)和资本品(Y,如纺织机械)的发展,绘制了图7-5。在第一阶段,出口初级产品、进口工业品;在第二阶段,开始在国内生产X,同时进口Y从t_2时开始生产;在第三阶段,开始出口X,国内市场消费品逐步以本国生产为主,并在t^*时开始生产Y替代国外进口的Y。在整个过程中,后发国家呈现出工业的追赶态势。

赤松要指出,上面的例子中提到的消费品和资本品的发展过程,也可以变形为简单品到复杂品的发展过程。一种是产业内从现有工业品到替代工业品的出现,比如从棉花到羊毛和合成纺织品的出现;另一种是产业间新产品的出现,比如从纺织业到钢铁业,从钢铁业到造船业,从造船业到汽车制造,从汽车制造到计算机,或从消费品到资本品。

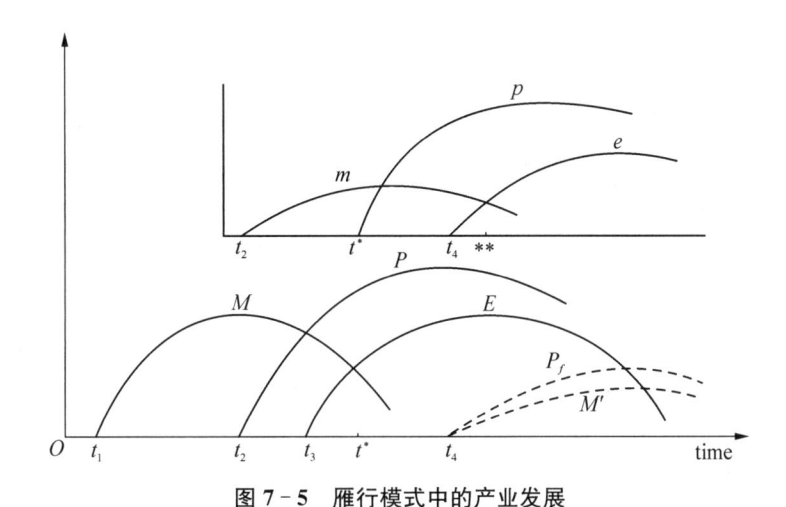

图7-5 雁行模式中的产业发展

资料来源:Kojima(2000)。

(二) 模型分析

雁行模式中的产业发展,只是阐述了产业在国家或者地区内部的进出口以及生产的情况。尽管这其中隐含了产业在其他国家生产的情形,但是从上述三个阶段无法判断出产业在国家或者区域内的转移。按照上述假设,在第三阶段该国已经达到了与发达国家相同的标准,成为商品的出口国,进入发达国家行列。

那么,是否存在第四个阶段呢? 赤松要认为,在第四阶段,消费品的出口开始下降、资本品的出口开始增加。此时,"领头雁"不断实现技术创新,而"跟随雁"按照不同的增长阶段依次排在工业发达国家之后。由于工资水平的提高,"领头雁"将资本、优势技术和管理技能打包转让给"跟随雁",形成了产业转移。在图7-5(a)中的t_4时点之后重新开始进口消费品X,也是小岛清提出的"贸易导向的外国直接投资"。这种产业转移中转移的是母国(领头雁)相对较弱的产业,提供货物和技术生产劳动密集型产品。与此同时,母国随着劳动密集型产业的转移,更加专业化生产资本密集型产品,获得更强的比较优势。在这个过程中,外商直接投资为"跟随雁"提供了就业机会,推动了工业经济发展,发展了当地的企业家精神以及管理技术才能。

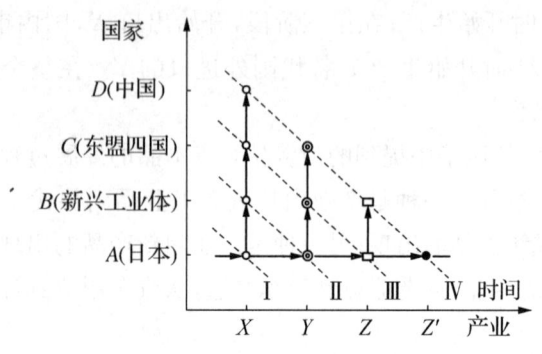

图7-6 雁行模式中的"投资前沿"图

资料来源:Kojima(2000)。

小岛清对日本的对外直接投资进行了统计,发现日本是典型的贸易导向的对外直接投资,提出了雁行模式中的"投资前沿"理论,如图7-6所示。横轴表示产业类型,纵轴表示国家,Ⅰ、Ⅱ、Ⅲ等表示时间线。从产业上看,整个产业结构按照从X(纺织品和其他劳动密集型商品)到Y(钢铁、化学品和其他资本密集型商品),再到Z(机械和其他资本/知识密集型商品)的顺序多样化和升级。从时间上来看,工业化的雁行模式根据工业化阶段或人均收入水平的顺序,通过贸易型外商直接投资从"领头雁"(日本)依次向"跟随雁"新兴工业体、东盟四国和中国等传递。

在时期Ⅰ,日本X产业的追赶阶段结束(进口—生产—出口),但是还没有出现对外投资;在时期Ⅱ,日本在Y产业上形成了比较优势,并且开始在新兴的经济体投资;在时期Ⅲ,日本在Z产业形成新的比较优势,在新兴经济体投资Y产业,在东盟四国投资X产业;在时期Ⅳ,日本在新产业形成比较优势,在新兴经济体投资Z产业、在东盟四国投资Y产业、在中国投资Z产业。

按照雁行模式,发达国家或者地区不断地进行着产业创新,国家或者地区的比较优势也在不断变化,从而形成了产业的不断转移。从地理上看,产业的转移从发达国家或者地区向欠发达国家或者地区转移;从转移产业来看,随着发达国家或地区产业的不断创新,产业的转移从劳动密集型产业转移,过渡到资本密集型产业转移,最后过渡到知识密集型产业转移。无论是地理空间还是产业类型,都形成了梯度式的转移。

产品生命周期理论和雁行模式理论是极为相似的,两者都强调领先国家或地区产业的"出口—进口"路径,以及跟随国家或地区产业的"进口—生产—出口"路径。同时,推动领先国家或者地区产业升级发展的动因是相同的,即技术创新带来的新产品或者新产业。并且,在产业空间的转移方面,同时提出了产业按照国家或者地区经济的情况依次形成产业的梯度转移。但在小岛清看来,两者的产业转移是有着一定区别的。小岛清认为,产品生命周期理论强调产业的转移是因为生产出现了标准化,进入国外市场是为了绕开各种贸易壁垒并形成垄断,形成反贸易导向的对外直接投资;而雁行模式属于"追赶型的产品周期理论",比较优势形成或者变化后,相应的产业会发生转移。

本章小结

产业发展是区域经济发展的基石,脱离产业而发展地区经济是不切实际的。地区的产业发展不仅与地区的资源禀赋有着直接的关联,同时也与产业结构的演化以及产业在空间的分布与关联紧密相连。本章主要介绍了产业空间关联理论、产业空间集聚理论以及产业空间转移理论。

产业在空间上的关联是广泛的,包括中间品的投入和贸易。产业关联模型都注重产业前后向的关联,主要包括区域间投入产出模型和产业垂直联系模型。这两个模型从不同的方向出发,有着各自的优势:① 区域间的投入产出模型从区域间不同部门的相互投入着手,主要是以现有的统计数据为依据,缺乏微观基础;而产业垂直联系模型从微观企业的产品投入着手,主要是以企业和消费者的最优化为依据,缺乏宏观分析。② 区域间的投入产出模型侧重于分析产业间的贸易、地区产业发展及其对区域经济发展的影响;垂直联系模型侧重于分析产业在空间的分布及其对区域经济发展的影响。

产业在空间上的集聚是普遍的,从外部性理论到新经济地理、制度经济、全球价值链以及演化经济地理等众多理论对产业经济的来源进行了探讨。按照产业内集聚和产业间的集聚,产业集聚的理论可以分为产业集聚和产业集群理论。产业集聚本质上是生产的专业化,来源主要包括马歇尔-阿罗-罗默外部性、贸易以及规模报酬递增等;产业集群本质上是生产的多样化,其来源主要包括雅克布斯外部性、范围经济以及中间品的投入等。产业空间集聚和产业空间集群,本质上都是产业在空间上的分布非均衡。所不同的是,前者强调是单一产业的空间集聚,后者强调多产业的空间集聚。而至于产业的集聚到底属于产业内的集聚还是产业内的集聚,则取决于产业范围的划分。

产业在空间上的转移是必然的,本质上是产业重新选择区位。按照产品和产业的生命周期特征,产业空间转移理论可以分为产品周期理论和雁行模式理论。产品生命周期理论将产品周期分为新产品推出阶段、产品成熟阶段和产品标准化阶段,随着产品的标准化程度提高,产品生产依次从创新国向其他发达国家和发展中国家转移。雁行模式理论强调产业发展经过进口、国内生产和出口三个阶段。随着新产业的出现,比较优势发生了变化,不同类型的产业依次从日本向新兴经济体、东盟四国以及中国转移。

地区经济的发展离不开产业的支持,而产业在空间上的关联、分布以及转移也直接影响着地区的经济发展以及经济地理。随着地区经济的发展、产业结构的演变以及外部环境的变化,区域产业经济的发展也将随之变化,进一步影响着地区经济的发展。

第八章 区域增长理论

增长是一个经典的话题,同时也是一个永恒的话题。人类社会发展到一定阶段,要素和生产在空间上形成了聚集,地区的经济增长出现了分异。无论是发达地区还是欠发达地区,似乎都无法摆脱对经济增长的追求目标,而这源于人类对财富的渴望。

影响经济增长的因素是众多的,从自然因素到人口因素,从劳动力到资本,从技术到规模经济,从经济因素到社会制度因素。在人类社会发展中,劳动力、资本和技术等要素的重要性随着社会经济的发展不断地发生变化,由此形成了具有时代烙印的经济增长理论。围绕经济增长的因素,主流增长经济学也就形成了古典增长理论、新古典增长理论和内生增长理论等。[①] 需要指出的是,这些经济增长理论本质上并没有空间的概念,没有要素的空间流动,也没有经济活动的空间关联,更没有区域的增长溢出。如果只是将这些增长理论直接运用到区域经济发展中,那么也就无法真正推动区域经济增长,甚至会背道而驰。为此,本章按照区域经济增长趋同还是趋异,主要介绍区域经济均衡增长理论和区域经济非均衡增长理论。

第一节 区域经济均衡增长理论

区域经济均衡增长,是很多国家和地区发展的重要目标之一,也是人类发展中追求公平的依据所在。新古典增长理论预期,长远来看发达地区和欠发达地区的经济水平将会趋同,这一预测给了欠发达地区极大的鼓励。本节从出口和要素流动出发,介绍出口基础模型和新古典区域增长模型。

一、出口基础模型

1955年,诺斯在《区位理论和区域经济增长》一文中提出出口基地是区域经济增长的主要原因。[②] 1956年,蒂布特在《出口与区域经济增长》一文中提出了不同的意

[①] 有关经济增长理论的详细介绍,参见 Capello and Nijkamp(2019)和 Fischer and Nijkamp(2021)。
[②] North, D. C., "Location Theory and Regional Economic Growth", *Journal of Political Economy*, 1955, 63(3), 243-258.

见,认为出口基地对区域经济增长的作用可能被高估了。[①] 双方就出口基地的规模对经济增长的影响、出口基地长短期的影响以及出口基地影响的重要性等展开了争辩,推动了出口基础模型的形成。[②]

(一) 基本假设

虽然诺斯和蒂布特对出口基础模型存在分歧,但是他们对其中的部分判断是一致的。出口基础模型假定:① 地区的经济部门可以分成基础部门和非基础部门,其中基础部门为出口部门,非基础部门为当地居民生产商品和提供服务部门,如住房部门等;② 基础部门通过出口为地区带来了资金,通过乘数效应带来了非基础部门的扩张;③ 基础部门和非基础部门保持着稳定的发展关系;④ 在开放经济中,劳动力和资本是流动的。此外,该模型使用的前提是:① 区域能够利润最大化和生产要素相对流动;② 区域没有受到人口压力带来的严格限制。

(二) 模型分析

出口基础模型在凯恩斯模型基础上进行了拓展,将部门分为基础部门(出口部门)和非基础部门。因此,地区的总收入构成包括基础部门的收入和非基础部门的收入。

$$Y = Y_B + Y_N \tag{8.1}$$

式中,$Y_N = \alpha + \beta Y$,β 为边际消费倾向。代入式(8.1),得到 $(1-\beta)Y = Y_B + \alpha$,即出口基础乘数 $dY/dY_B = 1/(1-\beta)$。这表明,出口的增加带来了产出的增加。那么,出口增长对地区经济增长的影响有多大呢?进一步地,

$$\frac{dY}{Y} = \frac{Y_B}{Y_B + \alpha} \frac{dY_B}{Y_B} \tag{8.2}$$

式(8.2)左边 dY/Y 为地区经济增长率,右边 dY_B/Y_B 为出口增长率。系数为 $Y_B/(Y_B+\alpha)$。如果 $\alpha > 0$,那么系数小于 1,表示地区经济增长率小于出口增长率;如果 $\alpha = 0$,那么系数等于 1,表示地区经济增长率等于出口增长率;如果 $\alpha < 0$,那么系数大于 1,表示地区经济增长率大于出口增长率。因此,α 的大小直接决定了出口增长对经济增长的带动作用。在经验研究中发现,α 值通常小于零,并且 β 值与地区的大小成反比,这与诺斯和蒂布特前期争论的结果是一致的。而对于这种结果的出现,理查德森认为,非基础部门(如建筑业)的投资对收入增加的反应程度,要超过本地政府支出对收入增加的反应,而这又将进一步影响到人口增长、城市化加速以及新出口部

[①] Tiebout, C. M., "Exports and Regional Economic Growth", *Journal of Political Economy*, 1956, 64(2), 160 – 164.

[②] North, D. C., "Exports and Regional Economic Growth: A Reply", *Journal of Political Economy*, 1956, 64(2), 165 – 168.

Tiebout, C. M., "Exports and Regional Economic Growth: Rejoinder", *Journal of Political Economy*, 1956, 64(2), 169.

门的增长。换句话说,出口带来了非基础部门投资的增加,带来了本地的人口增加、城市化的加速以及更多的出口。

理查德森认为,尽管出口基础模型所得出的推论得到了经验验证,但是出口基础模型也存在很多不足之处,这也是关于出口基础模型争议不断的原因。首先,出口基础模型强调"开放性"对区域经济的重要影响,但忽视了地区投资、技术进步、资本积累和移民等在区域经济发展中的作用。其次,该模型单从地区的需求方面出发,不能同时解释几个地区的增长问题。再次,在出口基础模型中忽视了随着地区规模的扩大,地区出口增长率会缩小的事实,这将导致结果预测变得困难。最后,如果碰到资本跨区域流动问题和贸易顺差引起的进口增长等问题时,该模型的适用性同样出现问题。根据式(8.2),可以得到变形形式:[1]

$$\frac{dY}{Y} = \frac{1}{1-\beta} \frac{Y_B}{Y} \frac{dY_B}{Y_B} \tag{8.3}$$

式(8.3)表明,地区经济增长率与地区的出口产业占比(Y_B/Y)以及出口基础乘数相关。如果将不同地区的地区经济增长率相比较,则可以得到:

$$\frac{dY_r/Y_r}{dY_k/Y_k} = \frac{1-\beta_k}{1-\beta_r} \frac{(Y_B/Y)_r}{(Y_B/Y)_k} \frac{dY_{Br}/Y_{Br}}{dY_{Bk}/Y_{Bk}} \tag{8.4}$$

从式(8.4)可以看出,地区相对增长率与两地区的消费倾向、区位商以及出口相对增长率有着直接的关联。对于欠发达地区而言,如果想要追赶上发达地区,那么则需要从这三个方面着手。诺斯推测,随着一个地区收入的增长,当地的储蓄将倾向于进入新的活动中。这些活动的出现,起初是为了满足当地的需求。但随着产业的继续发展,最终一些产业成为出口产业。因此,区域的出口基础趋于多元化。随着要素的流动,人均收入将更加均衡,生产将更加分散。[2]

二、新古典区域增长模型

哈罗德-多马模型虽然承认资本劳动力比和资本产出比是变化的,在模型中却假定生产技术固定,从而把增长的解释变量限定为资本积累和人口增长。20世纪50年代,索罗和斯旺等经济学家以总量生产函数为基础发展出了新古典增长理论,指出区域经济增长最终将趋同。但是,在新古典增长理论中并未考虑区域之间的任何关联。为此,1964年波茨和斯坦在《自由市场中的经济增长》一书中构建了新古典区域增长模型,成为区域经济增长理论中的重要组成部分。

(一) 基本假设

新古典区域增长模型遵循新古典经济学的标准假设:效应最大化、完全流动性、完全信息以及完全竞争。除此之外,模型中还假定:① 各地区经济产出是同质的;

---

[1] 本部分由编者自行提出。
[2] North(1955)中的结论6。

② 各地区劳动力是同质的；③ 要素和商品在空间上是自由流动的；④ 各地区生产技术相同。此外，生产函数方面，按比例呈现恒定的回报，提高或降低生产水平并不会改变生产过程的效率。

（二）模型分析

根据新古典模型，地区的增长来源于资本增长、劳动力增长和技术进步。因此，地区的增长率为：

$$y_i = a_i k_i + (1-a_i) l_i + t_i \tag{8.5}$$

式中，y_i 为 i 地区产出增长率，k_i 为 i 地区资本增长率，l_i 为 i 地区劳动力增长率，t_i 为 i 地区技术进步率，a_i 为 i 地区资本在收入中的比重。

式(8.5)是标准的增长方程，可以根据地区产出 $Y_i = T_i K_i^{a_i} L_i^{1-a_i}$ 得到。地区的资本来源包括两个方面：本地的积累和净流入。对应地，

$$k_i = \frac{s_i}{v_i} \pm \sum_j k_{ji} \tag{8.6}$$

式中，s_i 为 i 地区储蓄收入比，v_i 为 i 地区资本产出比，k_{ji} 为从地区 j 流向地区 i 的年净资本流量与地区资本存量的比值。

同样，地区劳动力来源也包括两个方面：本地劳动力的自然增长和净流入。类似地，

$$l_i = n_i \pm \sum_j m_{ji} \tag{8.7}$$

式中，n_i 为 i 地区人口的自然增长率，m_{ji} 从地区 j 流向地区 i 的年净流入人口与地区人口比值。

设定 R 为资本回报率、W 为工资，从地区 j 流向地区 i 的资本和劳动力取决于地区间的资本报酬率差和工资差：

$$k_{ji} = f(R_i - R_j), m_{ji} = f(W_i - W_j) \tag{8.8}$$

从式(8.5)~式(8.8)可以看出，吸引其他地区资本和劳动的流入，是推动地区经济增长率高于其他地区的关键力量。在完全竞争的市场中，生产要素的报酬率根据其边际产品价值支付。如果地区的资本相对回报率低，那么资本将会流出；如果地区的资本相对回报率高，那么资本将会流入。同样，如果地区劳动力工资相对较低，那么劳动力将会流出；如果地区劳动力工资相对较高，那么劳动力将会流入。

图 8-1 为新古典区域增长模型中要素流动带来的增长趋同图，横轴为资本劳动力比，纵轴上半部分为资本报酬率，下半部分为工资率。发达地区和落后地区的资本数量和劳动力的数量不同，报酬率也存在差异。发达地区的工资水平更高，落后地区的资本报酬率更高。图中地区 1 为发达地区，初始时资本劳动力比更高，因而资本报酬率相对较低，劳动报酬率相对更高。允许要素自由流动，发达地区的资本将流向落

后地区,而落后地区的劳动力也将流向发达地区。随着两地区资本和劳动力的流动,最终两地区资本和劳动力比相同,资本和劳动力的回报率也相同。由于资本和劳动力的使用变得更加有效率,因此两地区产出都将增加。在资本和劳动力的流动过程中,两地区资本与劳动力的数量比将会相等,最终两个地区的经济增长将会趋同。

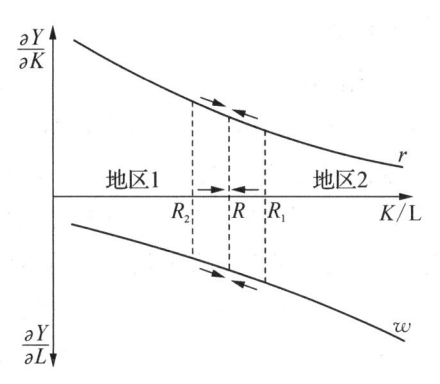

图 8-1 新古典区域增长模型中要素流动带来的增长趋同

资料来源:Capello and Nijkamp(2019)。

出口基础理论模型和新古典区域增长理论,对于区域经济增长的趋势是一致的。两者都认为区域经济增长将会趋同,欠发达国家或者地区都将会迎头赶上发达国家或者地区。但是,两者提出经济趋同的路径是不同的,前者强调出口的重要性,后者强调要素流动的重要性。关于这两个方面的原因,本质上是相同的,也是区域经济学中所强调的重点,即商品和要素的流动。从商品的流动角度来看,出口增加了欠发达地区的经济活动,从而促进了欠发达地区的经济发展;从要素的流动角度来看,要素的流动促进地区要素价格均等化,从而促进了欠发达地区经济发展。无论是通过出口还是要素的流动,最终都将会促进区域均衡增长。

第二节　区域经济非均衡增长理论

20 世纪 50 年代,佩鲁提出了增长极的概念,经济系统非平衡发展的问题引起了广泛的关注。[①] 佩鲁的理论中强调部门发展的重要性,通过一些部门优先发展来带动地区经济的发展。区域经济学家们将这一概念引入区域经济学领域,主要聚焦于"增长极"能否促进欠发达地区的经济增长。围绕这一议题,区域经济学中形成了增长极理论、循环累积理论、倒"U"型发展理论以及中心—外围理论等非均衡增长理论。本

---

① Perroux, F., "Economic Space: Theory and Applications", *The Quarterly Journal of Economics*, 1950, 64(1), 89-104.
"增长极"的概念迅速得到区域经济界的认可,提出了增长中心、发展极、核心区域、区域中心等一系列的相关概念。

质上而言,这些理论讨论了两种结果:一是,发达地区愈加发达或者欠发达地区愈加落后,这是循环累积理论的核心内容;二是,发达地区与欠发达地区之间的差距从扩大到缩小趋同,这也是倒"U"型发展理论的核心内容。本节综合了相关理论的核心内容,重点介绍具有代表性的缪尔达尔-卡尔多模型和赫希曼-理查德森模型。

一、缪尔达尔-卡尔多模型

1957年,缪尔达尔提出了循环累积的概念。[①] 他认为,市场作用下规模报酬递增促进了经济活动的集聚,这些集聚中心由于内部和外部规模经济的作用出现了自我持续,成为发达地区。发达地区对欠发达地区的影响包括两种效应:扩散效应和回流效应。[②] 由于发达地区对欠发达地区的扩散效应小于回流效应,因此区域经济增长是一个不平衡的过程。但是,缪尔达尔的观点并非模型化的,对此卡尔多进行了补充。[③] 他认为,一旦一个地区获得了增长优势,它将倾向于通过增长本身所带来的回报增加的过程来维持这种优势,即所谓的凡登定律。在自由贸易的经济系统中,由于工业经济不完全竞争和规模经济,发达地区不断增长的回报会促使这些地区进一步垄断工业生产。因此,贸易条件的改善更加有利于发达的地区,而不利于欠发达地区。但由于缪尔达尔和卡达尔都没有对该理论进行模型化,因此这里主要介绍理查德森以及迪克森和瑟尔沃尔对该理论的模型化内容。[④]

(一)基本假设

缪尔达尔-卡达尔模型假设,根据凡登定律,地区的生产率和效率的增长与经济活动的增长率呈正相关。假设有两个区域,最初每个区域有一个农业区和一个工业市场中心。地区农业经济的规模,取决于土壤、气候和技术水平;工业生产规模的大小,则取决于农业部门对工业产品的需求。工业部门的竞争是不完全的,而农业部门的竞争是完全的。

(二)模型分析

根据缪尔达尔的思想和卡达尔的描述,理查德森构建了一个简单数理模型。[⑤] 在缪尔达尔的基础上,卡达尔增加了出口基础模型中的思想,认为地区生产和出口行为

[①] Myrdal, G., Economic Theory and Under-Development Regions. Gerarld Duckworth, 1957.
[②] 扩散效应(Spread Effect)是指发达地区对落后地区产品的市场和创新的扩散;回流效应(Backward Effect)则是指劳动力、资本、商品和服务从贫困地区流向富裕地区。详见Richardson(1973)。
[③] Kaldor, N., "The Case for Regional Policies", *Scottish Journal of Political Economy*, 1970, 17(3), 337-348.
[④] DIXON, R. and A. P. THIRLWALL, "A MODEL OF REGIONAL GROWTH-RATE DIFFERENCES ON KALDORIAN LINES 1", *Oxford Economic Papers*, 1975, 27(2), 201-214.
* 这似乎是值得的,特别是考虑到似乎已经出现的混乱。例如,一位作者(Richardson)通过指定生产率增长相对于增长率以递增的速度增长,以及efflcienoy工资相对于增长率以递增的速度下降来代表Kaldor。这导致了一个奇怪的结果,即生产率增长关系越陡峭的地区最终的均衡增长率越低。此外,Richard-Bon对Kaldor'a模型表示缺乏剥削出口需求的概念,而这是Kaldor'a模型的核心。一个地区出口需求的先验和收入弹性被证明是其均衡增长率的重要决定因素(见下文)。
[⑤] Richardson, H. W., Regional Growth Theory. Palgrave Macmilan, 1973.

主要取决于两个方面:① 外生因素,即地区外对该产品的需求增长率;② 内生或准内生因素,即该地区相对于其他地区"效率工资"的变动。他认为,有效工资决定了地区经济是增长还是衰退,有效工资越低产出增加越多。有效工资由两方面构成:货币工资(W)和生产率指数(T)。他进一步指出,由于制度环境、区域间劳动力流动以及全国工会的集体谈判等,货币工资及其增长率在所有地区都是相似的。因此,每个地区的货币工资将以类似的方式变化,尽管地区就业增长率可能差别很大。但是,在产出增长较快的地区,生产率的增长也会更高,效率工资更低。

缪尔达尔-卡达尔模型中变量有四个:货币工资(W)、总产出(y)、生产率的增长率(t)、生产率指数(T)。首先,地区生产率的增长率取决于地区的总产出,两者呈正向变动:

$$t_i = f_i^1(y_i) \tag{8.9}$$

其次,效率工资的大小与地区生产率的增长率具有函数关系,两者呈反方向变动:

$$(W_i/T_i) = f_i^2(t_i) \tag{8.10}$$

再次,地区的产出与效率工资的大小具有函数关系,两者呈反向变动:

$$y_i = f_i^3(W_i/T_i) \tag{8.11}$$

根据式(8.9)~式(8.11),结合三个方程和45°线,可以得到一个象限图,如图8-2所示。

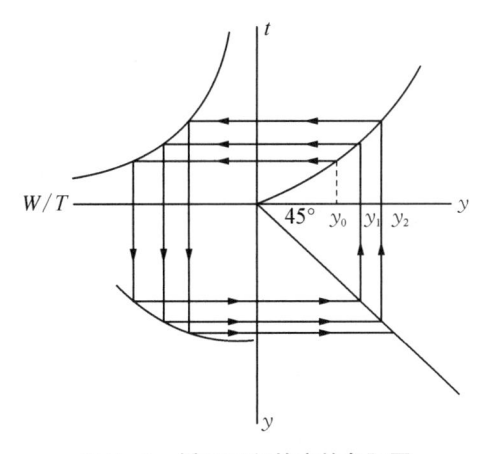

图8-2 循环累积效应的象限图

图8-2为循环累积效应的象限图,清晰地描述了区域经济增长中循环累积过程。图中横坐标(左)为地区产出,纵坐标(上)为生产率的增长率,横坐标(右)为效率工资,纵坐标下为地区产出,对应的一、二、三象限分别描述了式(8.9)、式(8.10)和式(8.11)。从图中可以看出,初始的y_0决定影响着t,t影响着W/T,W/T进一步影响

着 y，通过 45°线得到对应的 y_1。如此循环往复，地区的产出 y 不断增长。

理查德森认为，卡达尔的理论比缪尔达尔有着更加明确的可验证的假设。比如，地区生产率增长率是地区产出的增长率。再如，货币工资的增长率在地区间是大致相同的。理查德森也指出，尽管凡登定律在国家和行业层面得到了验证，但是在地区层面并没有得到验证。对于这种螺旋式上升的过程，缪尔达尔认为地区的自然资源等初始优势触发了这个机制，卡达尔则认为是凡登定律来决定了。当然，从区域经济学的角度来看，凡登定律相对于集聚经济、外部规模经济和经济活动在空间上的集聚等则显得过于粗糙了。此外，他认为使用效率工资去解释，引起了一些新的问题，比如发达地区的货币工资比其他地区更快。但事实是，如果以这种方式去衡量，效率工资会下降，而这并不必然导致增长放缓。

（三）模型拓展：迪克森和瑟尔沃尔的修正

迪克森和瑟尔沃尔认为，理查德森所建立的缪尔达尔-卡达尔模型中忽视了出口基础的作用，而这却是卡达尔模型的核心。此外，稳定的区域增长率差异持续存在的必要条件是两个区域的稳态均衡增长率不同。如果只是对一个地区的经济增长状况进行分析，这是局部均衡而不是一般均衡，本质上并没有考虑到区域间的关系。为此，迪克森和瑟尔沃尔沿着缪尔达尔和卡达尔的研究路径，修正了缪尔达尔-卡达尔模型。

首先，迪克森和瑟尔沃尔从卡尔多强调的区域外的需求出发，得到：

$$g_t = \gamma(x_t) \tag{8.12}$$

式中，g_t 是 t 时的产出增长率，x_t 是 t 时的出口增长率，γ 是产出增长率对出口增长率的弹性系数。

其次，在卡尔多的论述中谈到了乘数效应，出口取决于本地和外地的商品价格以及系统中需求的增长率：$X_t = P_{dt}^{\eta} P_{ft}^{\delta} (Z^{\varepsilon})_t$。其中，$X_t$ 为 t 时的出口量，P_{dt} 为 t 时本地的商品价格，P_{ft} 为 t 时外地的商品价格，Z_t 为 t 时系统总收入，η 是出口的需求价格弹性，δ 是出口的需求价格交叉弹性，ε 是需求的出口收入弹性。近似地，得到上述各变量增长率的关系：[①]

$$x_t = \eta (p_d)_t + \delta (p_f)_t + \varepsilon (z)_t \tag{8.13}$$

再次，本地商品的价格与本地的货币工资水平以及劳动力的产出等相关。设定 W_t 为 t 时的货币工资水平，R_t 为 t 时的劳动力的平均产出，T_t 为 t 时加成的单位劳动力成本，则可以将 t 时本地的商品价格 P_{dt} 写成 $(P_d)_t = (W/R)_t (T)_t$。采用增长率的形式，则可以得到：

---

① 这里假定本地的商品价格、外地的商品价格和系统总收入之间是相互独立的，排除了各变量的交互影响。

$$(p_d)_t = (w)_t - (r)_t + (\tau)_t \tag{8.14}$$

最后,卡达尔的理论依据凡登定律,即劳动力生产率的增长依赖于产出的增长。因此有

$$r_t = f_3(g)_t \text{ 或者 } r_t = r_a + \lambda(g)_t \tag{8.15}$$

其中,$f_3' > 0$,r_a 为生产率的自发增长率,λ 为凡登系数。联合式(8.12)～式(8.15)可以得到均衡的增长率:

$$g_t = \gamma \frac{[\eta(w_t - r_t + \tau_t) + \delta(p_f)_t + \varepsilon(z)_t]}{1 + \lambda \eta \lambda} \tag{8.16}$$

从式(8.16)可以判断出,地区的经济增长率与地区生产率的自发增长率(r_a)、系统总收入增长率(z)、需求的出口收入弹性系数(ε)、出口的需求价格交叉弹性系数(δ)、外地的商品价格增长率(p_f)以及凡登系数(λ)正相关,而与地区的工资增长率(w)以及加成的劳动力成本增长率(τ)负相关。值得注意的是,这里凡登系数决定了区域经济增长率差异,因为凡登系数的存在导致循环累积的效用能够存在,地区差距不断扩大。①

类似于图8-2,根据式(8.12)～式(8.15)的关系,可以得到修正的循环累积效应象限图(见图8-3)。图中横轴(右)为经济增长率,横轴(右)为地区的价格水平,纵轴(上)为劳动生产率的增长率,纵轴(下)为出口的增长率。初始的出口增长率决定了经济增长率,经济增长率决定了劳动生产率的增长率,劳动力生产率的增长率决定了本地商品价格的水平,而本地商品价格的水平又决定了新的出口增长率。如此,循环往复,直至得到了增长均衡。②

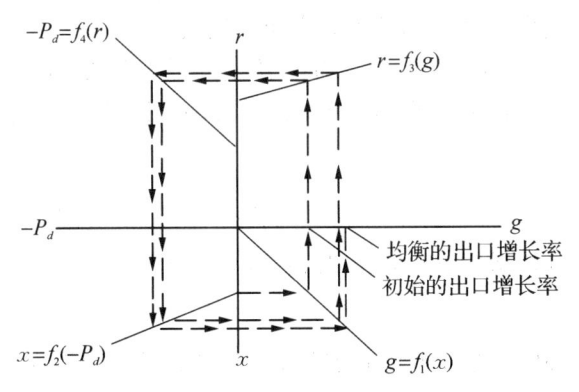

图8-3 修正的循环累积效应象限图

本质上而言,循环累积理论属于佩鲁增长极理论的一部分,分析了增长极(增长中心)在经济发展中的重要性。当然,从循环累积理论的分析来看,该理论更加侧重

---

① 详见 Dxion and Thirlwall(1975)。
② 有关滞后期、区域结构以及区域竞争等更加复杂的问题,详见 Dxion and Thirlwall(1975)。

于分析地区经济增长过程中的循环累积。按照缪尔达尔-卡达尔模型,经济增长沿着"出口增长—经济增长—劳动生产率的增长—商品价格的增长—出口增长"循环往复。但是,由于回流效应是远超过扩散效应的,因此按照这样的趋势发展下去,发达地区将变得更加发达,而欠发达地区也将愈加落后。

二、赫希曼-理查德森模型

1958 年,赫希曼在《经济发展战略》一书中提出了发达地区(国家)经济发展对欠发达地区(国家)的经济发展产生的两种效应:涓滴效应和极化效应。[①] 但不同于缪尔达尔,他认为在经济发展的不同阶段这两个效应的大小发生了变化,从而在经济发展的早期以极化效应为主,而在经济发展的后期则以涓滴效应为主。1976 年,理查德森进一步将赫希曼的理论模型化,融入威廉姆斯倒"U"型理论,构建了增长极溢出的动态模型。[②] 由于理查德森构建的模型完全遵循着赫希曼的理论,因而称之为"赫希曼-理查德森"模型。

(一) 基本假设

按照赫希曼和理查德森的理论,假设经济系统中存在两种效应:扩散效应和回流效应。扩散效应是发达地区经济增长对欠发达地区经济增长的有利影响,包括失业人员的迁移、迁移劳动力的汇款、对落后地区农产品和原材料的需求以及对落后地区的投资和技术的扩散等。回流效应是发达地区经济发展对欠发达地区的不利影响,包括技能劳动力和人力资本转移到发达地区、有效储蓄被转移到发达地区、欠发达潜在新兴产业被发达地区产业吸引以及贸易保护对欠发达地区实际收入的影响。

假定扩散效应和回流效应均为距离的衰减函数,类似于密度梯度分析:

$$s_d = s_0 e^{-u_1 d}, b_d = b_0 e^{-u_2 d} \tag{8.17}$$

式中,s_d 和 b_d 分别为距离 d 处的扩散效应和回流效应,s_0 和 b_0 分别为增长极(中心地)的扩散效应和回流效应,u_1 和 u_2 分别为给定的距离衰减系数。

如果将 s_0 和 b_0 表示成关于时间的函数,那么就可以得到时空上的扩散和回流效应:

$$s_{0t} = k(1 + a e^{-ct})^{-1}, b_{0t} = x_0 + x_1 t - x_2 t^2 \tag{8.18}$$

溢出总效应可以根据扩散效应和回流效应获得,即 $g_{dt} = s_{dt} - b_{dt}$。

(二) 模型分析

如果扩散效应和回流效应的中心点相同,则在空间上的积分可以得到 t 时的总

[①] 赫希曼和缪尔达尔提出的两种效应是一致的,涓滴效应(trickling down effect)和扩散效应强调的是发达地区(或国家)对欠发达地区(国家)经济发展的正向反馈机制,极化效应(polarization effects)和回流效应强调的是负向的反馈机制。

[②] Williamson, J. G., "Regional Inequality and the Process of National Development: A Description of the Patterns", *Economic Development and Cultural Change*, 1965, 13(4), 1-84.
Richardson, H. W., "Growth pole spillovers: the dynamics of backwash and spread", *Regional Studies*, 1976, 10(1), 1-9.

扩散效应、总回流效应以及总的净溢出效应分别为：

$$\begin{cases} S_t = 2\pi s_{0t} u_1^{-2} \\ B_t = 2\pi b_{0t} u_2^{-2} \\ G_t = m/(1+ae^{-ct}) - (n+qt-rt^2) \end{cases} \quad (8.19)$$

式中，$m=vk, n=wx_0, q=wx_1, r=wx_2, v=2\pi u_1^{-2}, w=2\pi u_2^{-2}$。根据式(8.19)，得到随着时间变化的扩散和回流效应，如图8-4所示。图8-4(a)描述了扩散效应，随着时间的变化而不断增加，但边际出现了先增加后递减的情形；图8-4(b)描述了回流效应，随着时间的变化，出现了先增加后减少的情形；图8-4(c)描述了总的净溢出效应，初始时 $G_0 = -n + m/(1+a) < 0$，在 t_i 时点 G 达到了最小值，在 t_j 时点 G 由负转正，在 $t \to \infty$ 时则有 $G_\infty = m$，达到了极大值。最终，区域增长出现了趋同。

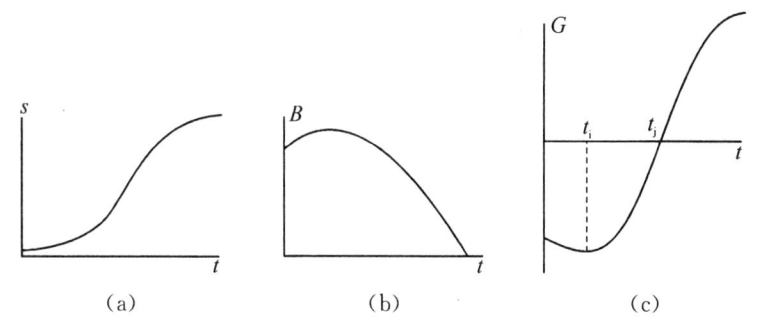

图8-4 随着时间变化的扩散和回流效应

上述分析主要是从时间上来看整体的扩散效应以及回流效应，增长极(中心地)最终会因为扩散效应超过回流效应而促进欠发达地区(外围地区)的经济发展。如果从空间上来看，扩散效应和回流效应如何随着地理距离的变化而变化，则决定了最终的净溢出效应如何。在某个时点，根据式(8.17)溢出函数 $g_d = s_0 e^{-u_1 d} - b_0 e^{-u_2 d}$，如果净溢出效应由负变为正，则溢出曲线总会与横轴(距离)相交，即 $g_d = 0$。对应地，此时有 $s_0/b_0 = e^{(u_1-u_2)d}$。在不同距离时，如果 $u_1 < u_2$，溢出曲线从下穿过水平轴，即净溢出效应为正；如果 $u_1 > u_2$，溢出曲线从上穿过水平轴，即净溢出效应为负。溢出距离的形状则完全取决于距离衰减系数的相对值，如果 $u_1 \neq u_2$，那么地理距离在溢出效应函数就变得重要了。如果回流效应的衰减快于扩散效应，净溢出效应在距离中心地(极点)最远的地方最大；如果扩散效应的衰减快于回流效应，净溢出在中心地最大处最大。

缪尔达尔-卡尔多模型和赫希曼-理查德森模型都属于典型的区域非均衡增长理论，思想均发源于增长极论。两者均强调发达地区对欠发达地区经济增长的溢出效应，同时注重正向反馈(扩散效应或涓滴效应)和负向反馈(回流效应或极化效应)。所不同的是，缪尔达尔-卡尔多模型认为负向反馈要远超正向反馈，形成循环累积，发达地区更加发达，欠发达地区更加落后;赫希曼-理查德森模型则认为在初期时负向反馈超过正向反馈,因此区域增长差距进一步扩大,但后期正向反馈会超过负向反馈,区域增长差距将会缩小。关于循环累积理论和倒"U"型的理论,在新经济地理的研究中也得到类似的结论。[①] 由于他们的研究范式是相似的,都是根据正向和负向的反馈机制,因而这里不再赘述。[②]

本章小结

长期以来,增长的问题一直是经济学研究的重中之重,而这一切源于人类对财富的追求。按照人类社会发展的历程,主流增长经济学先后形成了古典增长理论、新古典增长理论和内生增长理论等。如果将这些理论融入区域特征,形成区域经济增长理论一直是区域经济学家们追求的方向。本章主要介绍区域经济均衡增长理论和区域经济非均衡增长理论。

区域均衡增长理论,主要包括出口基础理论和新古典区域增长理论。出口基础理论强调出口对地区经济增长的影响,通过出口带动本地的非基础部门扩展,从而推动地区的经济增长。按照出口基础模型的推测,区域最终将会趋于均衡增长。新古典区域增长理论则强调要素流动的作用,通过要素在空间上的流动达到均衡的劳动资本比,促进不同地区的要素价格均等化,最终区域同样会实现均衡增长。

区域非均衡增长理论的发展源于佩鲁的增长极理论,主要包括缪尔达尔-卡尔多模型和赫希曼-理查德森模型。缪尔达尔-卡尔多模型指出,发达地区对欠发达地区经济增长的影响包括扩散效应和回流效应,其中扩散效应为正向的反馈机制,回流效应为负向的反馈机制。通常情况下,回流效应小于扩散效应,发达地区将进一步获得更多的优势,从而始终处于领先地区,区域增长趋异。赫希曼-理查德森模型指出,发达地区对欠发达地区经济增长的影响包括涓滴效应和极化效应,其中涓滴效应为正向的反馈机制,极化效应为负向的反馈机制。在经济发展的早期,增长极对其他地区的极化效应占据主导,区域增长将趋异;而在经济发展的后期,增长极对其他地区的涓滴效应占据主导,区域增长将趋同。

除了上述的区域增长理论外,很多区域经济学家们也在尝试着构建区域经济框架下的增长理论。比较具有代表性的两个方向是,在新增长理论中探讨两地区情形,以及在新经济地理理论中探讨增长的情形,代表性的模型如第五章中提到的马丁-奥塔维诺构建的全域和局域溢出模型。

[①] 在介绍增长理论时,部门区域经济学教材中使用了一定的篇幅介绍新经济地理学中增长理论。由于本书在第五章中已经介绍了马丁-奥塔维诺的全域和局域溢出模型,这里不再赘述。

[②] 比如,第三章中的克鲁格曼核心-边缘模型,强调本地市场效应和价格指数效应带来的正向反馈,以及市场拥挤效应带来的负向反馈,其原理和循环累积理论是一致的。再如,在加入农业运输成本、移民异质性等理论后,新经济地理模型也得到倒"U"型的结论。

常见英文名对照表

Alonso	阿隆索
Arrow	阿罗
Beckmann	贝克曼
Beyers	贝叶斯
Boudeville	布代维尔
Burgstaller	布格施塔勒
Chenery	钱纳里
Christaller	克里斯泰勒
Cobb	科布
D'Aspremont	达阿斯普勒蒙
Dicken	迪肯
Dixit	迪克西特
Douglas	道格拉斯
Dubey	杜贝
Fei	费景汉
Fujita	藤田
Giarratani	杰莱塔尼
Glaeser	格莱泽
Hägerstrand	哈格斯特朗
Hansen	汉森
Harris	哈里斯
Hawkins	霍金斯
Helpman	赫尔普曼
Hirschman	赫希曼
Hoover	胡佛
Hotelling	霍特林
Isard	艾萨德
Jacobs	雅克布斯

Katona	卡托那
Keller	凯勒
Kemp	肯普
Klaassen	克拉森
Krumme	克鲁默
Launhardt	劳恩哈特
Lea	莉亚
Leontief	里昂惕夫
Lewis	刘易斯
Losch	廖什
MacDougall	麦克杜格尔
Marshall	马歇尔
Martin	马丁
Meyer	迈耶
Morrill	莫里尔
Moses	摩西
Moses	莫斯
Nishioka	西冈
Nocco	诺科
Ottaviano	奥塔维诺
Palander	帕兰德
Perloff	佩洛夫
Pred	普雷德
Rains	拉尼斯
Rasmussen	拉斯穆森
Redding	雷丁
Ricardo	李嘉图
Richardson	理查德森
Riefler	里夫勒
Rogers	罗杰斯
Romer	罗默
Saavedra-Rivano	萨维德拉·里瓦诺
Salop	萨洛普
Shepard's Lemma	谢泼德引理
Simon	西蒙
Smith	斯密

Strout	斯特劳特
Symons	西蒙斯
Teitz	泰茨
Thisse	蒂斯
Thunen	杜能
Tiebout	蒂布特
Tiebout	蒂布特
Todaro	托达罗
Venales	维纳布尔斯
Weber	韦伯
Wolpert	沃尔伯特

常见地名对照表

East Anglia	东英吉利
Mecklenburg	梅克伦堡
Tellow	特洛
Teterow	泰特罗
The South-West	英格兰西南
Wales	威尔士

后　　记

　　经历了一年多的撰写,这部教材终于得以问世。既激动不已,又忐忑不安。激动不已的是,时隔十年终于完成了当初的一个设想;忐忑不安的是,这版教材是否能够给区域经济学的研究生和研究人员提供一定帮助或启发。

　　十多年前,从国家重点学科南开大学区域经济学专业毕业后,有幸到教育部重点研究基地河南大学黄河文明与可持续发展研究中心工作。承蒙中心主任苗长虹教授的厚爱,初到岗位时就获得了给区域经济学和经济地理学专业研究生授课的机会。此前,虽曾熟读恩师安虎森教授编写的《高级区域经济学》《空间经济学原理》《空间经济学教程》以及《新经济地理学原理》等系列教材,也曾熟读恩师和郝寿义教授编写的《区域经济学》以及人大陈秀山教授和张可云教授编写的《区域经济理论》,但从未系统地给研究生们讲过相关课程。为了能够讲好这门课程,每周大概花一半以上的工作时间来备课,备课参考的中外区域经济学教材也有十来本。在备课的时候萌生了一个念头,编写一本取百家之长的讲义。其后几年,不断更新讲义。三年后,该课程获得了河南大学研究生教育综合改革项目研究生核心学位课程建设的资助,并于次年获得了结项优秀。

　　后因工作调动,讲义的更新中断了几年。直至六年前,才有机会给南京审计大学的研究生们讲授区域经济学的课程。中间虽曾想过出版该讲义,但对这版讲义中的诸多内容并不满意,加之没有足够的时间去全面修改,始终没有找到合适的出版时机。一年前,终于有了相对充裕的时间,也有着很强烈的撰写意愿,于是重新拿起了讲义进行大幅修改。在修改的过程中发现,原有讲义的逻辑体系不够清晰,列入讲义中的很多内容并不具有区域经济的特征。在修改了半年后,决定放弃原有的框架和内容,全部推翻重新进行编撰。再次编写时,主要遵循着如下的几个原则:① 注重逻辑体系,以便于使用者更好地了解和掌握该学科的理论体系;② 明确自然资源要素的重要地位,凸显自然资源要素的空间差异是区域经济研究的起点;③ 以要素空间流动为主线,展现区域经济学科与其他学科的差异;④ 以经典的区域经济模型为基础,能够让使用者与经典的区域经济理论展开对话。

　　围绕以上原则,本教材从"时＋空"二维的视角介绍经济学,以要素空间流动为主线探讨经济活动空间相互作用和关联问题,试图在两个方面取得创新:一是,围绕要素流动构建全新的理论框架,打破以往教材中的传统理论框架。本教材依据要素空间流动特征对区域经济的影响,分为基础理论篇、要素流动篇、区域发展篇三部分,明确了区域经济学与其他学科的差异。二是,强调区域经济空间关联特征,打破以往教材中注重区域内经济分析的特征。本教材回归到区域经济的本源,围绕区域经济学中最为重要的空间关联因素,形成了区域经济学教材的新脉络。

  教材的编撰工作,对于多数的学者来说是奢侈的,需要大量的时间和精力。但正如恩师所言,有些工作需要我们去付出,也值得我们去付出。比较遗憾的是,本教材最初设计还有开放区域经济理论和区域政策理论等章节,但受于能力的限制目前无法完成,只能寄希望于未来有更多的积累后再加以补充。能力所及,教材中难免有诸多的不足和缺陷,恳请各位同行予以批评指正!

南京审计大学
颜银根